최고의 회사들은
왜 나를 선택했을까?

최고의 회사들은
왜 나를 선택했을까?

초 판 1쇄 2021년 06월 15일

지은이 오미영
펴낸이 류종렬

펴낸곳 미다스북스
총괄실장 명상완
책임편집 이다경
책임진행 김가영, 신은서, 임종익

등록 2001년 3월 21일 제2001-000040호
주소 서울시 마포구 양화로 133 서교타워 711호
전화 02) 322-7802~3
팩스 02) 6007-1845
블로그 http://blog.naver.com/midasbooks
전자주소 midasbooks@hanmail.net
페이스북 https://www.facebook.com/midasbooks425

© 오미영, 미다스북스 2021, *Printed in Korea*.

ISBN 978-89-6637-924-8 03190

값 15,000원

최고의 회사들은
왜 나를 선택했을까?

오미영 지음

CHOICE

미다스북스

세상은 변하고 있다, 그래서 당신도 변할 수 있고 도전할 수 있다

투둑투둑. 비가 내리기 시작했다. 돈이 다 떨어져서 버스를 타는 대신 집까지 걸어가던 중이었다. 몇 방울씩 떨어지던 것이 곧 "쏴~!" 하고 쏟아졌다. 다행히 가방 안에는 작은 우산이 들어 있다. 이전에도 여러 번 이렇게 비가 왔었다. 비를 맞고 다니다가 감기에 걸렸다. 가끔은 우산을 사기도 했는데, 있는 우산을 또 사려니 돈이 아깝다는 생각이 들었다. 그래서 가방 속에 경량우산을 넣고 다니기 시작했다.

투둑. 우산을 쓰고 다시 집으로 향하는 발걸음을 떼려는데 내 눈에서도 눈물이 떨어졌다. 잘 버티고 있다고 생각했다. 사실, 쏟아지는 빗물보다 더 거센 눈물이 이미 가슴속에서 흐르고 있었다. 멈춰 섰다. 그리고 혼자 묻고 혼자 대답했다. '하나님, 감사합니다. 지금 이 상황은 또 저에게 어떤 기회일까요?' 모든 상황을 기회, 기회, 기회로 보기로 마음먹었다.

필자는 마당의 수도꼭지를 틀면 근처 저수지의 물고기가 관을 타고 내려와 대야 속에서 헤엄을 치던 천혜의 환경에서 자랐다. 학교에 입학할 즈음 도시로 올라왔고, 잘 적응하지 못했다. 절교와 왕따를 겪었다. 대학 입시 때는 다른 학교에 다 떨어지고, 성결대학교에 예비 순번으로 턱걸이 입학했다. 중국 절강대학교에 다시 가게 되면서, 9년이라는 긴 시간 동안 대학생이었다. 그리고 29세에 에어마카오의 승무원으로 첫 취직을 했다. 얼마 후 33세에 결혼한 상태에서 사무직에 첫 도전을 했다. 블랙카드로 유명한 아메리칸 엑스프레스사의 법인금융서비스 애널리스트가 되었다. 조금 독특한 점이 있다면, 입사한 두 회사를 스스로 먼저 '나만의 최고의 회사'로 선택했다는 점이다. 회사를 선택한 후, 갈 수 있는 방법을 직접 찾고 계획했다. 그렇게 선택을 받았다.

필자는 결핍이 있었고 두려움이 많았던 평범한 사람이다. 많이 흔들리고 또 많은 변화를 겪었다. 세상은 높은 벽 같고 내가 할 수 있는 것은 없다고 생각하기도 했다. 너무 늦었다고 생각했다. 가고자하는 길이 막혀 좌절하기도 부지기수였다.

본 책에서 이 과정과 경험을 통해 얻은 깨달음들을 담고자 했다. 당신이 지금 겪고 있는 것이 무엇인지, 가진 것으로 무엇을 할 수 있는지, 길이 보이지 않는 기다림의 시간을 어떻게 지치지 않고 보내는지, 어떻게 좌절 속에서 일어나는지, 사람들이 나를 의심하거나 탓할 때 어떻게 대처하는지, 어떻게 잃은 것에 감사할 수 있는지, 어떻게 스스로를 설득 하는지, 어떻게 길을 찾는지, 세상을 어떻게 바라보고 공부해야 하는지, 어떻게 어찌 보면 불가능해 보이는 기회를 찾고 모든 것을 걸 수 있는지 등을 나누려고 노력했다.

사람은 변화를 겪고 있을 때 가장 약하다. 당신이 지금 만약 변화를 겪고 있다면 지금이 가장 약할 때다. 그때 보이는 자신의 모습과 겪고 있는 상황들은 전혀 부끄러워할 일이 아니라는 점을 강조하고 싶다. 변화할 때 느껴지는 약함과 불편함은 지극히 자연스러운 것이다. 여러 동물과 곤충들이 허물을 벗는 것과 같다. 성장하고 강해지는 과정이다. 그 변화가 끝났을 때 당신의 모습을 상상해보라. 얼마나 강하겠는가!

세상은 변하고 있다. 우리는 매일의 변화 속에서 살고 있다. 그리고 언제든지 원하는 곳으로 변화의 방향을 바꿀 수 있다. 이 책은 원하는 목표를 찾고, 도전하고 싶은 당신을 위해 쓰였다. 변화 속에서 '자신만의 생각과 기준과 답'을 갖고 선택하도록 돕고 싶다. 책에 다 담지 못한 이야기들은 네이버 커뮤니티 '자신만의 기준으로 더 넓은 세상을 만나는 법: 오미영청춘고민상담소'에 조금씩 올리고 있다. 예전에는 몇 분의 자투리 시간이 생기면 책을 읽거나 콘텐츠를 시청하는 '인풋 자기계발'을 하였지만, 같은 시간에 나의 답을 도출하는 '아웃풋 자기계발'로 새롭게 방향을 바꾼 지 꽤 되었다. 참고로, 이 커뮤니티는 필자의 다섯 번째 도전이다. 인생은 도전, 그리고 재도전의 연속 아니겠는가.

오늘에 이르기까지 셀 수 없이 많은 도움을 받았다. 우리 삶을 계획하시고 이루시는 하나님께 온 마음으로 감사와 영광을 돌린다. 그리고 책을 출판할 수 있도록 함께해주신 미다스북스 관계자 분들께 진심 어린 감사를 드린다. 책 쓰기를 가르쳐주시고, '아웃풋 자기계발'을 올바른 방향으로 할 수 있도록 도와주신 '한국책쓰기1인창업코칭협회(한책협)'의 김태광 대표님과 '한국석세스라이프스쿨'의 권동희 대표님께 깊은 감사를 드린다. 귀한 조언들을 나누어주신 회사 선배님들과 동료들에게 마음가득 감사를 드린다. 삶의 멋진 두 기둥이 되어준 든든한 나의 동생 선영이와 민식이, 존재만으로도 큰 기쁨을 주는 나의 아기 승재에게 감사를 전한다. 지금의 내가 있기까지 함께해준 학교와 삶의 선생님들과 언니들, 오빠들, 친구들, 어려운 일이 있을 때마다 함께 기도해주신 가족과 목사님, 사모님, 교회 식구들에게 감사의 인사를 드린다. 새로운 가족이 되어 따뜻하게 품어주신 아버님, 어머님, 두 형님과 아주버님들께 감사의 인사를 드린다. 그리고 삶의 인연으로 만나 귀감이 되어준 모든 분께 감사 드린다.

나의 삶은 부모님의 삶 위에서 시작을 했다. 그리고 나의 이야기는 나를 멋진 성인으로 길러 낸 두 분의 역사이기도 하다. 깊은 산골 생활에서 시작해 도시에서 살아내기까지 수많은 어려움 속에서도 포기하지 않고, 삼남매를 정성껏 길러주신 부모님께 감사의 박수를 드리고 깊은 경의를 표한다. 세 자녀를 공부시키기 위해 한국과 중국에서 8년의 젊은 시절을 떨어져서 경제활동을 하셨다. 부모님의 보살핌과 응원 덕분에 사회에 나오고, 결혼을 하고, 아이를 낳았다. 아이를 낳으며 몸도 약해지고 또 아직 못 이룬 꿈도 많은 딸을 위해 어머니는 다니던 직장을 그만두고 종일 손자를 돌봐주셨다. 아버지도 퇴근하고 오시면 육아를 계속 도와주셨다. 아기를 밤새 몇 번이고 업어주시다가 같이 잠드시곤 했다. 갚을 수 없는 사랑의 빚을 지고 있다. 아버지와 어머니께 어떻게 감사를 표현해도 다

갚지 못할 것이다. 다시 태어나도 또 함께하고 싶은 너무나 사랑하는 부모님이신 오철안 님과 고순심 님께, 내 영혼 깊은 곳에서부터 흘러나오는 감사와 사랑을 전해드린다.

 나의 삶은 남편을 만나기 전과 후로 나뉜다고 해도 과언이 아니다. 내가 어디를 가든지 항상 같은 곳에서 기다려주었다. 삶이 두려워 숨으면, 나를 찾아 내고 안아주었다. 극단적인 생각들이 떠올라 울고 있을 때 함께 울어주었다. 부족한 것에 감사하는 법을 알려주었고, 소소한 일상을 축하하는 법을 가르쳐주었다. 좋아하는 것들을 누리는 삶을 사는 기분 좋은 습관을 길러주었다. 문제를 함께 고민해주고, 대처법을 알려주고, 심각한 상황을 가볍게 볼 수 있도록 유머로 리드해주었다. 내가 실패자가 아닌 '도전자'라는 것을 일깨워주었다. 나의 가장 친한 친구, 이 사람과 결혼해서 '결혼'이 좋다는 생각을 하게 해준 남편, 우리 아기 승재의 아빠, 나의 멘탈 트레이너, 세상에서 가장 존경하는 인생의 멘토 임희도 씨에게 사랑이 가득 담긴 감사의 인사를 전한다.

2021년 6월 오미영

목차 _____

1장 스물아홉, 승무원이 되다

2장 승무원 경력으로 금융 분석가가 되다

3장 작은 경험들을 연결하고 공감을 더하다

4장 최고의 기업에게 선택받는 8가지 방법

5장 당신도 최고의 기업에서 시작할 수 있다

CHOICE

스물아홉,

승무원이

되다

1장

01

스물아홉,
승무원이 되다

스물아홉, 용기가 필요한 나이다. 이제 대학을 졸업했다. 그리고 6개월 넘게 구직 중이다. 정식으로 일했던 경력은 고사하고 아르바이트 경력도 제대로 없었다. 채용이 뜬다는 곳은 모조리 이력서를 냈다. 그러나 답변이 오는 곳은 없었다. 드라마에서 흔히 봤던 거절 문자조차 받아보지 못했다.

부모님은 나를 도와주시려고 열심이셨다. 엄마 친구 아들이 사용했던 합격 이력서 파일을 얻어오셨다. 친척 오빠는 자기가 가지고 있던 합격 자소서 파일을 보내주기도 했다. 그 파일 속에는 다양한 회사를 지원하는 사람들의 합격 이력서가 들어 있었다. 세상에, 무슨 직군이 이렇게 많은지…. 어지러웠다. 갑자기 많은 양의 정보가 두서없이 들어온 것이다. 머릿속이 복잡했다. 정리해보려고 했지만 잘 안됐다. 이런 내가 실망스러웠다.

돌아보면 나는 최선을 다했다. 중국에서 대학교를 다니는 것은 만만치 않았다. 수강 신청을 하면 시스템이 무작위로 일부 신청자를 튕겨냈다. 처음에는 수강 신청 시스템 오류인 줄 알았다. 그래서 학사관리과에 가서 물었더니 원래 그 기간에 몇 번씩 신청자 중 절반을 탈락시킨다는 것이었다. 처음에는 이 상황을 받아들이지 못했다. 하지만 나중에는 빠르게 수긍하고 대처하기 시작했다. 계속 확인해서 한 과목이 빠지는 즉시 다시 넣었다. 그 과목이 안 넣어지면 다른 과목을 찾아 학점을 최대한 맞췄다. 나의 첫 번째 중요 임무는 산으로 가는 강의 시간표를 최대한 조율하는 것이었다.

'마음이 지치면, 배움이 가득 찬 것이다.'

힘들 때마다 이렇게 나를 위로했다. 아침 8시부터 저녁 10시까지 매일 수업이 있었다. 주 7일제였다. 수업을 따라가기 위해 쪽잠을 자는 날들이 계속되었다. 1학점짜리 교양과목이 2시간에서 4시간까지 수업을 했다. 그런 교양수업을 들으며 틈틈이 전공 숙제를 했다. 분명히 잔 적이 없는데 갑자기 눈을 뜨곤 했다.

그런데도 어떤 과목은 계속 과락을 면치 못했다. 몇 년 뒤를 생각할 새가 없었다. 7년 안에 졸업하지 못하면, 자동으로 수료가 된다. 많은 친구가 마지막 몇 학점 때문에 수료를 했다. 졸업하기 위해 필사적으로 매진했다.

드디어 졸업하고 나니 더 큰 산이 기다리고 있었다. 바로 취업이었다. 원서를 넣으려고 하면 그 회사가 내 앞에 높게 벽을 세우는 것 같았다. 넘을 수 없는 벽이었다. 중국 대학교를 인정하지 않는 회사들도 있었다. 개인정보를 기재하는 화면에서 내가 나온 학교를 검색하면 아무것도 나오지 않았다. 몇 년간의 노력이 물거품이 된 것 같았다.

내가 잘못 산 건 아닌가 의심이 들었다. 안될 것 같다고 생각을 하니 무기력해졌다. 곧 30세였다. 열심히 살았는데 내놓을 것이 없었다. 새벽 기도를 시작했다. 처음에는 나의 이야기를 마음껏 했다. 나중에는 그냥 앉아 있었다. 끝나고 매일 동네 공원을 걸었다. 변한 건 없었다. 그저 길을 따라 하염없이 걸어보았다.

그러던 어느 날 '나는 주어진 것을 열심히 했는데 왜 이렇게 되었을까?'라는 질문이 떠올랐다. 그리고 곧 머리를 한 대 맞은 것 같았다. 그게 문제였다. 주어진 것들을 열심히 하기만 한 것이다. 가장 중요한 것을 잊었다. 내가 진정 원하는 것. 이 모든 것을 하는 '목적' 말이다.

목적지 없는 열심. 최악을 피하기 위한 선택. 그것이 지금의 나를 만든 것이다. 나는 내놓을 게 없기도 했지만, 있다 해도 뭘 내놓아야 할지 몰랐다. 졸업에만 초점이 맞춰져 있던 나는 방학 때도 떨어진 과목들을 공부하는 것에 집중했다. 그래서 나는 졸업 때 모두가 흔히 필수 자격증이라고 하는 것들이 없었다. MS 오피스, 오픽, 토스 등등. 토익은 만료 상태였다.

조금 더 익숙한 자격부터 도전하기로 했다. 그리고 내가 원하는 일이 무엇인지 찾아보기로 했다. 딱 떠오르는 것은 금융이었는데 이유는 '돈의 흐름'을 이해하고 싶어서였다. 이왕이면 내가 잘할 수 있는 것도 찾아보기로 했다. 마음을 열고 행동하자고 다짐했다.

HSK 6급을 먼저 취득했다. 그리고 토익을 공부하기 위해 학원을 검색했다. 조교를 하면 수업료를 내지 않아도 되는 곳이 있었다. 그곳에서 조교를 하며 토익 공부를 다시 시작했다.

어느 날, 함께 조교를 하던 친구가 승무원 면접을 보러 가는데 같이 가달라고 했다. 이야기를 들어보니 그냥 이력서를 가지고 가면 된다는 것이다. 신기했다. 같이 가는 김에 나도 이력서를 내보기로 했다. 카타르 항공의 '오픈 데이'였다. 결과부터 말하면 나는 떨어졌다. 하지만, 그날을 계기로 내 마음에 새로운 활력이 생겼다.

면접을 봤다는 것 자체가 신이 났다. 계속 생각났다. 외국인 면접관님과 교류하는 시간이 즐거웠다. 적극적으로 어디에 채용이 나는지 찾아보았다. 캐세이퍼시픽 항공과 에어차이나에서 채용 공고가 있었다. 둘 다 온라인으로 지원했다. 면접 초대장을 받아야 갈 수 있었다. '어세스먼트 데이'라는 채용방식이었다.

면접 일정은 캐세이퍼시픽이 먼저였다. 담당자 이메일로 이력서와 커버 레터를 함께 보냈다. 그리고 면접 초대장을 받았다. 들어가서 어리둥절하고 있는데 면접이 끝났다고 했다. 이미지 체크에서 떨어진 것이다. 나와서 보니 화장이 하나도 없었다. 옆에 계신 분께 어떻게 이렇게 화장을 잘했냐고 물었다. 화장을 돈 주고받을 수 있다는 정보를 얻게 되었다.

에어 차이나는 왠지 느낌이 좋았다. 화장을 받고 갔다. 이미지 체크를 통과했다. 이력서를 바탕으로 하는 1차 면접도 통과했다. 최종 면접이 시작되었다. 인터넷의 보급으로 사람들이 고립되는 것에 대하여 어떻게 생각하는지를 토론하는 시간이었다. 같이 대화하는 면접자들의 의견이 한 쪽으로 치우쳐 있다고 생각했다. 그래서 조목조목 반박했다. 면접을 끝내고 나오면서 속이 후련했다. 아주 예의 있고 차분하게 이긴 것 같았다. 이번에는 진짜 붙었다고 생각했다. 그러나 결과는 불합격이었다. 절벽에서 떨어진 것 같은 기분이 들었다.

왜 떨어졌는지 당최 이해할 수가 없었다. 절박해졌다. 그래서 승무원이 어떤 직업인지 마구 검색하기 시작했다. 이유를 알게 되었다. 승무원은 '공감'을 중요시하는 직업이었다. 나는 정반대로 답변을 했던 것이다.

궁금해진 김에 어떤 항공사들이 있는지도 찾아보기 시작했다. 또 어떤 항공사에서 일하면 잘할 수 있을까를 생각해 보았다.

한 항공사가 눈에 들어왔다. 바로 에어마카오였다. 예전에 갔던 마카오는 화려하고 아름다웠다. 또 한 번 가고 싶다고 생각했었다. 문득 거기서 살게 된다면 정말 좋겠다는 생각이 들었다. 에어마카오는 영어를 공용어로 쓰고 중국어도 많이 쓰는 것 같았다. 막 탈락한 터라, 에어차이나보다 월급이 많다는 댓글을 보고 솔깃하기도 했다. 여러 가지 요건을 검색했다. 하면 할수록 이곳이 나에게 최고의 회사라는 확신이 들었다.

어떻게 이곳을 지원할 수 있는지 검색했다. 그리고 채용이 곧 시작된다는 것을 알게 되었다. 신기한 것은 면접을 진행하는 곳이 학원이라는 것이었다. '채용 대행' 방식이었다. 에어마카오에 꼭 가고 싶다는 마음이 들었다. 그래서 그 학원을 찾아갔다. 바로 등록하고, 면접에 응시했다.

면접일까지는 얼마 남지 않았었다. 3일 정도 남았던 것으로 기억한다. 왜냐하면 절박한 마음에 처음으로 아버지께 면접 연습을 도와달라고 부탁을 드렸기 때문이다. 아버지는 항공사에서 비행기 정비사로 근무를 하신다. 예상 문제들을 뽑았다. 3일 동안 아버지께서 퇴근하신 후 답변 연습을 도와주셨다.

에어마카오에서 어떤 외모를 좋아할지 궁금했다. 카타르 오픈데이에 갈 때는 10년 전에 사두었던 정장을 입고 집에 있는 구두를 신고 갔다.

어세스먼트 데이에 갈 때는 하얀 블라우스를 사서 집에 있는 검정 치마와 같이 입었다. 이번에는 제대로 준비하고 싶었다.

에어마카오 홈페이지에 들어갔다. 회사 모델 사진이 메인 화면에 있었다. 이거다 싶었다. 현지 면접관 면접 첫날, 나는 금테를 두른 빨간 원피스에 초록색 눈 화장을 하고 나타났다. 회사 모델과 비슷하게 하고 가니 자신감이 상승했다. 물론 아주 완벽한 것은 아니었다. 화장을 전문 숍에서 받고 가려고 했으나 예약전화를 하니 이미 자리가 다 찬 상태였다. 면접 메이크업을 처음 하시는 동네 미용실 원장님께 화장을 받았다. 면접관님들이 나와 눈을 맞출 때 밝게 웃어주셨다. 왜 이렇게 하고 왔냐고 물어보셨다. 홈페이지를 보고 비슷하게 꾸며보았다고 말씀드렸다. 이미지 체크는 합격이었다. 나중에 합격 이유를 여쭤보니 잘 보이려고 열심히 준비한 모습이 예뻐 보였다고 하셨다.

면접관 중 한 분이 취미가 뭐냐고 질문을 주셨다. 중국 본토 분이신 것 같았다. 얼후 연주 듣는 것을 좋아한다고 말씀드렸다. 얼후는 중국인들이 사랑하는 전통악기 중 하나다. 중국에서 살았던 아파트 단지에 얼후를 연주하는 어르신이 계셨다. 그분은 항상 내가 운동하는 운동기구 근처에서 연주를 하셨는데 소리가 참 고왔다. 그래서 따라 배우기도 했다.

면접관님의 느낌이 얼후를 연주하시던 어르신과 비슷했다. 면접관님은 자신도 얼후를 참 좋아한다고 말씀해주셨다. 합격이었다.

그 뒤로 그룹면접과 최종면접이 이어졌다. 승무원 업무에 해가 되지 않는 범위 내에서 진실하게 대답했다. 밝게 웃었고, 면접관님들 또한 밝은 웃음으로 화답했다. 최종결과는 합격이었다. 스물아홉, 나는 승무원이 되었다.

어떤 일이
나를 행복하게 할까?

"여기, 비빔밥 어떻게 먹는 건지 좀 알려주세요."

"네! 밥이랑 위에 야채들을 고추장 한 스푼 넣고 젓가락으로 비비시면 더 잘 비벼져요."

"여기요! 냅킨 좀 더 주세요."

"네! 여기 있습니다."

"혹시 화장실이 어딘가요?"

"2층으로 올라가셔서 오른쪽에 보시면 바로 있어요."

중국에서 대학교를 다닐 때, 엄마도 중국에 계시면서 한국 식당을 하셨다. 나는 자주 가지는 못했다. 시간이 될 때 가게에 들러 일을 도와드리는 정도였다. 그런데 그 시간이 웃는 시간이었다. 소소한 요청들이었지만 도움을 청하는 손님들이 사랑스러웠다.

고맙다고 이야기를 들으면 뭐라도 더 주고 싶은 마음이었다. 승무원이라는 직업을 인식했을 때 그토록 열정적으로 하려고 했던 이유 중에 하나도 누군가에게 소소한 도움을 주고 행복했던 기억 때문이었다. 그 일이 나를 행복하게 해줄 것이라는 믿음이 생겼다.

행복한 일이 무엇인지 생각할 기회가 있었다. 그리고 우연히 긍정 심리학자인 마틴 셀리그만의 '행복한의 삶의 다섯 가지 요소'에 대하여 알게 되었다. 내용은 아래와 같았다.

첫째, 긍정적 감정(Positive emotions)

둘째, 몰입(Engagement)

셋째, 관계(Relationships)

넷째, 의미(Meaning)

다섯째, 성취(Accomplishments)

요컨대, 행복한 삶이란 좋은 기분이 드는 것이다. 기쁨, 만족, 감사, 사랑 등이 긍정적인 감정에 포함된다. 그리고 몰입이 잘되는 것이다. 다른 사람들과 좋은 인간관계를 맺는 것이다. 삶의 의미를 발견하는 것이다.

그리고 성취가 있는 것이다. 이렇게 다섯 가지의 주요 구성 요소를 통해 우리는 행복을 느낀다고 한다. 이 구성요소들의 영어단어 앞 글자를 따서 이론명을 불렀다. 바로 'PERMA'이다.

조직 심리학자인 에이미 브제스니예프스키의 '일을 인식하는 세 가지 방법'도 행복한 일이 무엇인지 생각해보는 데 도움이 되었다. 내용은 아래와 같다.

첫 번째는 생업(Job)이다. 먹고살기 위해 일하는 것이다. 자신의 일을 생업으로 여기는 사람은 재정적으로 안정이 되면 그만두고 싶어 한다. 근무시간이 빨리 끝나기를 바란다. 주말과 휴가를 매우 기다린다.

두 번째는 직업(Career)이다. 일을 나의 발전을 위한 것, 즉 성공 수단으로 생각하는 것이다. 자신의 일을 직업으로 여기는 사람은 기본적으로 일을 즐긴다. 하지만 5년 뒤에는 더 나은 위치로 옮기려고 할 것이다. 가끔 자신이 하는 일을 시간낭비라고 생각한다. 하지만 나중에 직업을 옮기기 위해서 잘해두려고 한다. 승진을 원한다. 그것이 일을 잘한 것에 대한 보상이라고 생각하기 때문이다.

세 번째는 소명(Calling)이다. 일이 삶의 가장 중요한 부분 중 하나이다. 자신의 일을 소명으로 여기는 사람에게는 일하는 시간이 매우 즐겁다. 자신을 설명할 때 필수적인 요소이다. 일을 집에도 가져오고 휴가 때도 한다. 일을 사랑하기 때문에 생각하면 기분이 좋다. 자신의 일이 세상을 더 좋게 만든다고 생각한다. 친구들과 가족들에게 자신이 하는 일을 추천한다. 은퇴할 생각이 없다.

일을 해보기 전에 행복한 일에 대한 나만의 정의를 내려보고 싶었다. 사색 끝에 내린 결론은 다음과 같았다. 행복이라는 영어단어 'happiness'의 어원은 'happ'이다. 행운, 기회라는 뜻이다. 개인적으로 이렇게 두 가지가 있어야 행복하게 일할 수 있다고 결론을 내렸다.

첫째, 운이 행하는 좋은 관계
둘째, 발전할 수 있는 기회

행운을 '운이 행한다, 잘 돌아간다, 마음이 합하다.'라고 해석했다. 이 개념을 일에 빗대어 생각한다면 나와 일이 잘 맞는 것이다. 그리고 나와 사람들이 잘 맞는 것이다. 예컨대, 나와 일과의 관계 또 나와 사람들과의 관계에서 막힘없이 좋은 것이다. 두 번째는 계속 발전할 수 있는 기회가 있는 것이다. 지금 하는 일이 맞으면서 관계도 잘 맞고 앞으로 나갈 기회도 있으면 그게 최고라고 생각했다. 앞으로 나갈 기회는 남을 이롭게 함으로써 생겼으면 좋겠다고 생각했다. 이것이 내가 이상적으로 생각하는 '행복한 일'이었다.

승무원이 되었다. '일'에 대해 모르는 부분이 있었다는 사실을 깨달았다. 내가 생각했던 잘 맞는 일이란 '해보고 싶은 일' 혹은 '성향이 잘 맞아 보이는 일'이었다. 실제로 일을 하면서 중요한 것을 알게 되었다. 하고 싶은 일을 선택하면 행복하다. 하고 싶은 일을 선택한 후의 행복은 그 일을 얼마나 잘하느냐에 달려있다.

동료 중에 생계를 위해서 일을 시작한 사람이 있었다. 가장 돈을 많이 벌 것 같아서 절박한 마음으로 도전했다고 한다. 가족에게 돈을 보내 줘야 한다고 했다. 그 동료는 이일을 좋아서 하는 사람처럼 일에 몰입했고 잘했다. 또 안정적으로 했다. 일 자체를 좋아하는 것이 아니더라도 다른 혹은 더 크고 소중한 '인생의 목적'이 있으면 잘하게 된다는 것을 알게 됐다. 잘할수록 행복해진다는 사실도 말이다.

한번은 왜 이렇게 일을 잘하냐고 물어보았다. 싫든 좋든 경험을 쌓은 것이 많이 도움이 되었다고 했다. 그리고 무슨 일이든지 '사람'을 중심에 두면 잘 풀린다고 했다. 이 일을 해서 행복하냐고 물었다. 그녀는 행복한 쪽을 택했다며 배시시 웃었다. 그녀의 말에 의하면 자신은 지킬 것이 많아 원하지 않는 일을 많이 했다. 그때마다 불행한 마음이 들고 억울했다고 한다. 언제부턴가 좋은 면과 배울 점을 찾기 시작했다. 이는 습관이 되었고, 자신이 능동적으로 행복을 택한 느낌이라고 했다. 시간이 흐르니 그 경험들로 인해 지금 하는 일이 잘되고 수월해서 행복하다고 했다. 가족들이 좋아해서 행복하다고 했다.

그녀는 도전에 익숙했고 경험이 많았다. 처음엔 힘들더라도 마음을 열고 몰입하며 많은 경험을 얻으라고 조언해주었다. 힘든 상황에서는 '어떤 가치'를 배워야 할지 찾고, 내 마음을 밝게 유지시켜주는 것들을 찾으라고도 했다. 내 마음이 좋은 것들을 택하면 무엇을 해도 행복할 수 있다고 했다.

확정인 줄 알았던 마틴 셀리그만의 행복한 삶의 요소 이론은 계속해서 개선되고 있었다는 사실을 나중에 알았다. 성격 강점이 새롭게 행복한 삶의 요소에 추가되었다. 성격 강점은 용기, 끈기, 감사, 친절 등 스물네 가지 구성요소로 되어 있다. 이론 명은 'PERMAS'이다.

개인적으로 'PERMAS'를 떠올리는 것을 좋아한다. 행복한 삶의 요소인 기쁨, 만족, 사랑 같은 긍정적 감정들을 느낄 때. 일에 몰입할 때. 일하면서 긍정적인 인간관계를 맺을 때, 누군가를 도우며 삶의 보람을 느낄 때. 거기서 삶의 의미를 만날 때. 성취했을 때. 그리고 용감하게 도전할 때와 끈기 있게 버텼을 때.

처음 행복을 택하려고 할 때 어떤 순간이 행복인지 명확하게 인식할 수 있도록 도움을 받았다. 이 요소들을 발견하며 일상 속에서 행복감을 느낄 수 있게 되었다.

어떤 일이 나를 행복하게 할까? 사실 쉬운 질문은 아니다. 행복이라는 개념 자체가 '무엇이다.'라고 고정되지 않는다. 행복은 목적이나 목표가 될 수도 있고, 이를 이루는 수단, 즉 동력이 될 수도 있다. 고대 학자부터 현대학자며 일반인들까지 행복에 대한 다른 견해를 가지고 있다. 중요한 것은 행복에 대한 나 자신의 '생각'과 '정의'와 '기준'이다.

당신이 지금 만난 모든 일은 당신을 행복하게 할 가능성이 있다고 말하고 싶다. 행복이라는 개념은 이렇게 유연하고, 우리가 좋아하고 행복해하는 요소들은 계속 바뀌고, 행복을 선택할 자유가 당신에게 있기 때문이다.

흥미 있는 일, 좋아하는 일, 심장이 반응하는 일을 찾으면 행복하다는 명제를 부인하는 사람을 본적이 없다는 점도 짚고 싶다. 흥미 있고, 좋아하고, 심장이 반응하는 그 자체가 긍정적인 감정이기 때문이다. 흥미 있고, 좋아하고, 심장이 반응하는 일들은 행복이라는 가치로서의 목적이 되고 또 목표가 된다. 길을 구체적으로 계획할 동력이 된다.

우연한 일 혹은 당장 싫은 일을 선택하게 되더라도 그 경험은 귀한 자산이다. '인내'라는 귀한 가치를 가르쳐준다. 또한, 그 일을 할수록 의외로 흥미가 느껴지고 좋아질 수도 있다. 일을 잘하게 될수록 행복의 요소들이 발견된다. 이 요소들은 하는 일을 더 잘하고 싶게 만드는 동력이 된다. 그리고 그 일을 통해 심장이 반응하는 어떤 다른 일과 다시 연결될 수도 있다.

'인생의 목적'이 있다면 모든 연관된 일에서 행복을 찾을 수 있다. 사실, 삶이라는 것은 계속 변화하고, 우리는 그때에 맞는 최적의 환경을 찾아다닌다. 목적이 있을 때 그에 부합하는 구체적인 목표는 유연하게 바뀔 수 있다.

당신에게 온 모든 일을 적극적으로 받아들이고 경험하라. 현재 어떤 일을 할 때 흥미를 느끼고 행복한지 직접 판단하라. 하고 싶은 일이 있다면 도전하라. 그 자체가 행복이고, 목표이고, 동력이 될 것이다. 성공했다면 그 일을 잘하도록 노력하라. 행복의 요소가 계속적으로 생성될 것이다.

당신을 행복하게 해주는 일을 때에 맞게 알아가고, 선택하고, 멋지게 해내라.

03

나에게
최고의 회사는 어디일까?

'사람들은 타인의 욕망을 욕망한다.'

2010년에 열렸던 '청춘 페스티벌'에서 김어준 씨가 한 말이다. 사람들은 자기가 원하는 것을 잘 모르기 때문에 남들이 어떻게 하는지 궁금해한다는 것이다. 남이 좋다고 하는 것을 나도 똑같이 좋다고 받아들인다. 꽤 많은 사람이 남이 최고라고 이야기하는 회사를 자신에게도 최고라고 생각한다. 주변이나 텔레비전에서 알려준 최고의 회사를 나에게도 최고라고 받아들인다.

어떤 사람은 우리나라에서 제일 큰 회사가 최고의 회사라고 한다. 월스트리트 기업처럼 돈을 많이 버는 회사가 최고라고 하기도 한다. 어떤 사람은 특정 회사명을 직접 이야기하기도 한다. 어떤 사람은 취업시장이 어떻게 돌아가고 있는지 잘 모르겠다고 한다. 어디든 취업하고 경력을 쌓고 싶다고 한다.

그렇다면 전문가들은 어떻게 최고의 회사들을 선정할까? 그 선별 기준은 다 다르다. 한 회사를 선택해서 〈포춘(Fortune)〉이나 〈포브스 (Forbes)〉만 검색해도 순위가 다르다는 것을 알 수 있다. 여기서 주목해야 할 것은 선별기준이다. 전문가들은 자신만의 기준이 있다. 일하기에 제일 좋은 곳이 어디인지에 대한 나만의 기준 말이다.

선별 기준에 관한 예를 좀 더 친근한 예를 들어보자. 결혼하기 위해 사람을 소개받았다. 중매해주시는 분은 이 사람이 최고의 신랑감이라고 했다. 그럼 나는 묻지도 따지지도 않고 결혼할 수 있을까? 아니다. 내가 상대방과 잘 맞는지 스스로 꼼꼼하게 따져볼수록 좋다. 나에게 최고의 회사를 찾는 것도 어찌 보면 최고의 짝을 찾는 여정이다.

나만의 최고의 회사를 찾아보는 건 어떨까?

'어디가 최고의 회사인가'에 대한 답은 사실 간단하다. 나와 제일 잘 맞는 회사가 최고의 회사이다. 이런 회사를 찾으려면 우선 '목적', 즉 자신에게 중요한 '삶의 가치'를 먼저 확인해야 한다. 그리고 내가 원하는 분야와 속한 회사들을 알아야 한다. 그 후 그 회사들에 대해 최대한 알아보아야 한다. 지피지기면 백전백승이라는 말도 있지 않은가.

내가 원하고 줄 수 있는 것과 회사가 원하고 줄 수 있는 것들을 맞춰본다. 내가 원하는 것이 무엇인지 아직 잘 몰라도 걱정할 필요 없다. 아래는 내가 사용했던 '원하는 회사의 조건을 확인하는 2가지 방법'이다.

첫째, 내가 싫어하는 것을 찾아 반대를 고른다.
둘째, 회사가 제시하는 조건들이 어떤 것들이 있는지 나열해놓고 원하는 것을 확인한다.

첫 구직을 할 때는 어떻게 회사의 기준을 잡아야 할지 감이 오지 않았다. 우선 가장 중요한 삶의 가치인 가족을 넣었다. 그 후, 흥미가 생긴 분야에서 싫은 것을 먼저 자유롭게 써보았다. '나에겐 중동은 너무 멀다.' 이런 식으로. 그리고 쓴 말의 반대되는 것들을 다시 적었다.

예) 나에겐 중동은 너무 멀다 - 가족이 있는 곳과 가까운 외국에서 일하고 싶다.

이렇게 마음속에 떠오르는 몇 가지 기준을 가지고 회사를 찾았다. 중국어, 외국, 인천(아버지 계신 곳), 항주(어머니 계신 곳이면서 둘째 동생 있는 곳), 상해(첫째 동생 있는 곳)이었다. 채용 시기는 빠를수록 좋았다. 그렇게 에어마카오를 찾았다. 그리고 내가 아는 모든 사이트에서 에어마카오를 검색했다. 네이버, 구글, 바이두 등등. 찾은 자료를 워드 파일에 정리했다. 그러자 한편의 에어마카오 설명서가 되었다. 정리한 내용을 읽으며 마음에 드는 부분을 다시 옮겨 적었다. 아래는 에어마카오에 대한 피드백을 공책에 적어놓았던 것이다.

"나는 현재 자신감이 많이 사라졌다. 그래서 내가 잘할 수 있는 것이 있는 곳에 가고 싶다. 영어과를 나왔지만, 영어에 자신이 없다. 오히려 중국어는 어느 정도 자신 있다. 외국에서 살고 싶다. 내 힘으로. 내 돈으로. 그러면서 공부하고 싶다. 삶과 사람에 대해. 그리고 영어 실력도 높이고 싶다. 나는 마카오가 좋다. 유럽과 중국이 공존하는 느낌이 신비롭다. 화려하고 세련되었는데 또 극적으로 로컬색도 강하다. (중략) 찾아보니 비행시간이 그렇게 많지 않다. 75시간에서 100시간 정도인 것 같다. 우리나라 항공사는 비행시간이 100시간 이상이라고 들었다. 아프면 바로 쉴 수 있는 곳 같다. 나는 체력이 약하다. 비행으로 아버지가 계신 곳, 어머니가 계신 곳, 동생이 있는 곳에 모두 간다. 체류도 한다. 너무 좋다. 아버지, 어머니, 동생을 마음껏 만날 수 있을 것 같다. 승무원으로 가면 엄청 좋아하시겠지. 선물도 사드리고 싶다."

두서없이 써도 좋다. 원하는 키워드만 들어 있으면 된다. 편하게 적되 양보할 수 없는 것들을 확인한다. 사람은 어떤 일이든 절대 양보하고 싶지 않은 부분과 없어도 괜찮은 부분이 있다. 양보할 수 없는 것들은 내가 원하는 최소한의 것들이다.

에어마카오 때는 원하는 것을 떠오르는 대로 쓰면서 회사를 찾았다. 이직할 때는 제공받을 수 있는 선택지들을 열거 한 후 원하는 것들을 선택 하는 방법을 시도했다.

아래는 이직할 때 만든 '최고의 회사를 판단하는 12가지 기준'이다.

1. 브랜드: 가고 싶은 분야의 회사 리스트를 뽑자. 내가 가고 싶은 특정 회사가 있는가?

2. 연봉: 나는 얼마를 받고 싶은가? 내가 받을 수 있는 최고 연봉은 얼마인가?

3. 복지: 웰컴 박스, 복지 포인트, 제휴 할인, 경조사 지원, 건강검진, 자녀 학비 지원, 해외 워크숍, 탄력 근무제, 포상 휴가, 보너스, 생리 휴가, 특정일 조기퇴근, 생일 휴가, 근무 연차별 기념 선물, 의료비 지원, 구내식당, 점심 식대 지원, 점심시간 2시간, 야근 식대 지원, 야근 택시비 지원, 무이자 대출, 대출이자 지원, 월세 지원, 전세 지원, 주택 구매 지원, 유류비, 통행료, 교통비, 도서비, 통신비, 명절 선물, 제휴 숙박 할인, 문화생활 지원, 동호회 지원, 회식비 지원, 가족 장례 지원, 퇴직금. 스톡옵션. 스톡 그랜트.

4. 자율성: 업무 환경이 얼마나 자유로운가?

5. 근무시간: 평균 근무시간이 얼마인가?

6. 업무량: 내가 감당할 수 있는 업무량인가?

7. 업무 방향: 내가 원하는 방향과 일치하는가?

8. 업무 경쟁력과 경력 성장성: 원하는 방향으로 가기위한 경쟁력과 성장성이 있는가?

9. 배울 수 있는 환경: 업무적 그리고 개인적으로 배우고 싶은 것이 있는가?

10. 회사 분위기: 수직적인가? 아니면 수평적인가? 밝은가? 조용한가?

11. 안정성: 오래 근무할 수 있는 곳인가?

12. 상사의 인품 및 능력: 배울 점이 있는 대표 혹은 상사인가?

'가족' 이라는 삶의 목적을 먼저 확인했다. 그리고 아래의 3가지 기준을 통해 나만의 '최고의 회사 리스트'를 만들었다.

첫째, 좋아하는 것

둘째, 원하는 것

셋째, 잘하는 것

왜 좋아하고 원하고 잘하는지까지 꼼꼼히 분석한 후, 교집합을 만들었다. 그 후, 나의 이력서와 회사의 요구 조건을 맞춰보았다. 회사에서 원하는 것이 나에게 하나라도 있어 보이면 우선 도전했다.

이렇게 찾는 것이 무슨 소용이냐고 할 수도 있다. 맞다. 이렇게 열심히 찾아도 잘 안될 수도 있다. 하지만 적어도 될 가능성이 생긴다. 그냥 두면 안 될 일을 될 방법이 생기게 하는 것이 '노력'이다. 된다는 마음에 초점을 맞추겠다고 계속 다짐하라. 이 다짐은 습관이 될 것이고, 더 많이 이루며 살게 될 것이다. 인생의 목적을 확인하라. 그에 부합하는 최고의 회사들을 찾을 수 있다.

당신만의 최고의 회사를 선택하라. 자신의 시작점을 확인하고, 어떻게 연결할지 계획하라. 연결하며 다가가는 동안 나는 될 수 있는 최고의 내가 될 것이다. 그곳에 가거나 비슷한 곳에 가게 될 것이다. 그럼 이제 묻겠다.

"당신에게 최고의 회사는 어디인가?"

승자의 강점은
태도에 있다

에어마카오 현지 면접관 면접 첫째 날에 화려하게 등장했다. 금테를 두른 빨간 원피스에 초록색 눈 화장을 하고서 말이다. 여기에 오기까지 고민이 많았다. 와서도 마찬가지였다. 그저 한번 해보기로 했다. 면접 전날, 메이크업 숍에 예약을 하려고 전화를 걸었다. 그런데 남은 자리가 없다는 것이었다. 직접 하기에 내 실력은 너무 부족했다. 부모님과 상의 끝에 친분이 있는 동네 미용실 원장님께 메이크업을 받기로 했다. 그분은 승무원 메이크업이 처음이라고 하셨다.

다음 날 아침 나는 미용실로 갔다. 원장님은 환한 미소로 나를 맞아 주셨다. 에어마카오 홈페이지에 나온 모델을 보여 드렸다. 원장님은 그것을 보면서 열심히 화장을 해주셨다. 완성된 모습을 보니 전문 숍에서 받은 것처럼 꼼꼼하진 않았다. 인조 속눈썹은 통째로 붙였다. 하지만 자연스럽고 꽤 만족스러웠다. 원장님의 응원을 힘껏 받고 면접장에 갔다.

1차 면접을 시작했는데 느낌이 이상했다. 눈앞에 까만 실 같은 게 보이기 시작했다. 나는 아랑곳 하지 않고 계속 웃으면서 면접에 임했다. 이 면접 때 옆 사람을 서로 소개하는 시간이 있었다. 그래서 나와 내 옆의 지원자는 서로 마주 보게 되었다. 나의 파트너는 살짝 놀란 것 같았다. 그리고 곧 침착하게 속눈썹이 떨어진 것 같다고 말해주었다. 나는 괜찮다고 했다. 그리고 나의 정보를 말해주었다. 우리는 속눈썹이 떨어지지 않은 것처럼 행동하기로 했다. 서로를 멋지게 소개했다. 칭찬도 곁들여서 말이다. 둘이 나란히 합격했다.

2차 면접에는 그룹 토론이 있었다. 같은 조가 될 사람들이 복도에 나란히 서 있었다. 나는 이 화장을 수정할 기술이 없었다. 그래도 떨어진 속눈썹을 어떻게든 다시 붙이려고 했다. 인조 속눈썹의 점성이 있는 부분을 진짜 속눈썹에 대고 꾹 눌렀다. 얼추 붙은 것 같았다. 2차 면접이 시작되었다. 주제는 '한 명을 떨어뜨려야 한다면 누구인가?'였다. 마땅한 답변이 생각나지 않았다. 토론 시간 관리자를 자처했다.

그런데 갑자기 한쪽 눈앞이 까맣게 보이기 시작했다. 그 속눈썹이 원래는 한쪽만 뜯어져 있었다. 그러다가 반대쪽도 뜯어졌다. 그리고 마침

내 중간도 떨어진 것이다. 인조 속눈썹은 진짜 속눈썹 끝 쪽에 위태하게 앉아 있었다. 내 눈을 가렸다. 인조 속눈썹이 더는 내려오지 않게 하려고 노력했다. 아무 일이 없는 것처럼 행동하기로 했다. 주위를 둘러보다 몇 명과 눈이 마주쳤다. 내 상황을 이해한 듯했다. 웃음을 절제하는 것 같았다. 몇 명은 긴장해서 모르는 듯했다. 몇 명은 속눈썹이 떨어지려 한다고 몸짓으로 말해주었다.

모두가 발표를 마쳤다. 그리고 내 차례가 되었다. 맞은편에 있는 정말 예쁘게 생긴 한 조원을 바라보았다. 그리고 너무 예뻐서 연예인을 하셔도 잘 어울리실 것 같다고 말씀드렸다. 지목을 받으신 분은 환하게 웃으셨다. 합격이었다.

긍정. 나를 있는 그대로 인정하고 받아들이는 것이다. 나에게 모든 일은 일어날 수 있다고 말이다. 지금의 나는 나에게 주어진 모든 상태를 받아들인다. 하지만 예전의 나는 그러기가 어려웠다. 밝은 모습을 보이려고 노력을 많이 했다. 사실 그 모습은 가짜일 때가 많았다. 받아들이지 못한 상태에서 도전한다는 것은 꽤 많은 용기를 필요로 했다. 나의 삶이 백조 같다는 생각이 들었다. 겉으로는 좋아 보였지만 사실은 보이지 않는 고민으로 가득했다. 내 마음에는 많은 조용한 절망들이 있었다.

선천성 사시였다. 부모님은 하루라도 더 빨리 치료해주기 위해 최선을 다하셨다. 좋은 병원에서 수술을 받았다. 성공적이었다. 내가 사시라는 것을 알아보는 사람은 없었다. 사춘기가 되었다. 같이 놀던 친구들이 '너 눈이 왜 이래?'라고 물어보기 시작했다. 크면서 피곤해질 때마다 사시 증세가 다시 나타나기 시작한 것이다. 물어보았던 친구들은 그 상황을 잊어버렸다. 그들은 내가 사시이든 아니든 상관이 없었다. 그런데 나는 아니었다. 내가 사시라는 사실에 주눅이 들었다.

심한 켈로이드 피부를 가지고 있었다. 귀를 뚫으면 계속해서 염증이 났다. 다른 친구들은 귀를 뚫고 조금 지나면 귀가 잘 적응했다. 그래서 나도 참았다. 그러나 내 귀는 달랐다. 염증이 차오르다가 결국 손톱만 한 혹이 생겼다. 결국 귀고리를 뺐다.

손톱을 물어뜯는 버릇이 있었다. 스트레스가 심해지면 손톱을 피가 날 때까지 뜯었다. 승무원 시험을 볼쯤에는 걱정이 되었다. 손이 너덜너덜했기 때문이다. 승무원 준비생들이 자주 가는 네이버 카페에 손을 보는지 물어보았다. 손을 본다고 했다. 절망적이었다. 웃으면서 사진을 찍으면 비대칭적인 아래쪽 얼굴을 볼 수 있었다. 사람들은 신경 쓰지 않았다. 하지만 나는 알고 있었다. 웃을 때 위축이 되었다.

왼쪽 귀가 좋지 않았다. 청력 검사를 하면 "청력이 좀 떨어지시네요."라는 말을 듣곤 했다. 일상생활을 하는 데는 크게 지장이 없었다. 그런데 이게 승무원 일을 하는 데 문제가 될 뻔했다.

최종면접 합격 후, 대학 병원에 신체검사를 예약했다. 검사 당일, 준비하는 모습을 보신 아버지께서 어디에 가냐고 물으셨다. 신체검사 받으러 간다고 대답했다. 아버지는 태워다주겠다고 하셨다. 그날이 마침 쉬시는 날이었다. 우리는 같이 병원에 갔다.

여러 검사를 마치고 청력 검사를 했다. 결과지는 바로 나왔다. 그런데 결과지를 보시는 아버지의 표정이 안 좋았다. "너 왜 이렇게 청력이 안 좋니?"아버지가 물으셨다. 항공사 기준에 못 미친다는 것이었다. 그리고 곧장 의사 선생님께 가셨다. 검사를 다시 받게 해달라고 부탁을 하셨다.

사정을 들으신 의사 선생님은 소리를 다른 것으로 바꿔주셨다. 아까 받았던 검사는 최신식 기계를 이용한 검사이었다고 한다. 두 번째 할 때는 우리가 흔히 청력 검사할 때 들을 수 있는 소리를 쓰셨다. 조금 더 들리는 것 같았다. 아버지 말씀으로는 두 번째 결과는 다행히 항공사 기준에 아슬아슬하게 든다고 하셨다. 아버지와 함께 간 것이 천만다행이었다.

여담이지만 마카오에 가서 신체검사를 또 해야 했다. 가서 하는 청력 검사에서 떨어지더라도 가기로 했다. 하나님이 떨어뜨리시면 받아들이겠다고, 하지만 원하시면 꼭 통과시켜달라고 기도했다.

그렇게 마카오 병원 원장실에 입장했다. 의사 선생님은 지금 우리나라에선 잘 쓰지 않는 반사경을 쓰고 계셨다. 지금부터 청력 검사를 하겠다고 하셨다. 손보다 큰 굴렁쇠를 꺼내셨다. 그리곤 그것을 내 귀 옆으로 가져오셨다. 선생님은 환하게 웃으시며 힘차게 내리치셨다.

　나에게 잘 들리는지 물어보셨다. 소리가 너무 커서 귀가 터지는 줄 알았다. 잘 들린다고 말씀드렸다. 크게 합격한 느낌이었다.

　승무원에 도전할 때 많은 걱정이 나를 막아섰다. 내가 승무원 상이 아니라고 하는 사람들이 있었다. 그중에는 전문가도 있었다. 나의 손톱 뜯는 버릇은 어려서부터 있던 거라 못 고친다고 하는 사람도 있었다. 세 살 버릇이 여든 간다고 말이다. 내 인생의 많은 부분을 남들이 주는 의견을 가지고 결정했었다. 그러나 안 된다는 사람들의 말을 듣고 나의 마음의 소리를 외면하면 그 책임도 내가 져야 했다.

　'어떤 선택이 나를 좀 더 자유롭게 할까?'

　어떤 선택을 하든지 상처받을 수 있었다. 내가 원하는 일에 도전하지 않는다면 후회를 하게 될 것이다. 그리고 내가 원하는 결과를 얻을 가능성은 없다. 도전한다면 떨어져서 상처받을 수 있다. 하지만 하지 않아서 오는 후회는 없을 것이다. 내가 원하는 결과를 얻을 가능성도 생긴다. 나의 답은 '해보자!'였다.

　'나는 도전을 하겠다. 그 후에 관한 판단은 나의 몫이 아니다.'

목표를 정했다. 승무원을 하기로 말이다. 심장이 반응했다. 생각이 더 많아지면 못할 것 같았다. 마음에서 소리가 들리는 것 같았다. '그냥 해.'

그날부터 마음속에서 완벽하게 승무원으로 살기로 했다. 혼자서 연기하는 것이었기 때문에 주변의 시선을 걱정할 필요는 없었다. 승무원의 쉬는 날인 것처럼 다녀 보기로 했다. 우선 머리 가르마를 승무원들이 자주 타는 가르마들로 타서 밑으로 자연스럽게 내려 묶었다. 화장도 승무원들이 하는 것처럼 은은하고 밝게 해보았다.

한번은 화장품 가게에 갔다. 이것저것 고르고 있었는데 가게 점장님이신 것 같은 분이 옆으로 오셨다. 그리고 색조 화장품을 고르는 것을 도와주셨다. 피부에 맞는 밝고 은은한 색들로 말이다. 그리고 나에게 말씀하셨다. "승무원이시죠?" 나는 웃으며 "네."라고 대답했다. 내가 승무원이 되었을 때 많은 축하를 받았다. 그리고 많은 사람이 적잖이 놀랐다.

"네가?!"

그런 반응들조차 즐거웠다. 감사했다. 첫 목표를 이루었기 때문이다. 가장 감사했던 것은 마음의 소리를 따른 것이었다. 마음이 더욱 충만했던 이유는 내 방식으로 해냈기 때문이었다. 뿌듯했던 이유는 수많은 결점들에 흔들리지 않았기 때문이다. 믿음의 눈으로 보았다. 마음으로 이미 승무원이라는 것을 믿었다. 그것이 나의 기도였다.

이 세상에는 많은 보이지 않는 힘이 있다. 어떻게 될지 모른다. 될지 안 될지를 판단하는 것은 나의 영역이 아니다. 그저 결정할 수 있다. 나에게 가능성을 줄지 말지를 말이다. '해보겠다.'라고 결정하라. 승자의 강점은 그 태도에 있다.

05

끝까지 해보기 전에는
불가능해 보인다

'왜 우리는 실패를 끝이라고 생각할까?'

주변을 돌아보면 무언가에 실패했다는 소식이 많다. 고등학교 입시 혹은 대학 입시에 실패했다는 이야기, 직장 면접에서 떨어진 이야기, 각종 시험에 떨어진 이야기, 그리고 사업에 실패한 이야기. 많은 사람들이 한 번의 실패를 끝이라고 생각한다.

실패하면 가족의 실망과 동정, 주변의 비웃음, 나에 대한 패배감으로 견디기 힘들어진다. 주변에 누가 실패했다는 소식을 들으면 무슨 말을 해야 할지 조심스러워진다. 동정하거나 비판하게 된다.

'최종탈락이라니 진짜 아깝다. 울고 싶겠다.'

'으이그, 하던 일이나 잘하지. 왜 사업을 해.'

'나는 준비가 끝나지 않은 시도는 최대한 하지 말아야지.'

'나는 절대 하지 말아야지.'

도전을 안 하겠다는 다짐을 하는 것이다. 이런 마음을 먹는 순간 한 번의 실패도 용납되지 않는다. 도전을 최소한으로 하는 삶. 기대치를 줄여서 작은 성공만 하는 삶. 이런 수비적인 삶을 계획한다. 하지만 수비적인 삶을 살기도 쉽지는 않다. 피하려고 도망을 가는 데 거기서 또 실패한다. 도전에도 수비에도 실패는 있다. 이렇게 우리는 시작하기만도 벅찬 환경에 살고 있다. 실패에 대한 관념들과 반응들이 우리를 압도하는 것이다.

'나만 불가능한 거 아닐까? 나만 안 되는 거 아닐까?'

도전을 시작해도 마음속에선 전쟁이 일어난다. 비교가 시작된다. 왜 나는 이 모양이고 남들은 다들 잘되고 있는 건지. 같이 구직하던 친구는 이미 취직했다. 한 친구는 벌써 집을 샀다. 다른 친구는 벌써 결혼했다. SNS에서 본 어떤 사람은 어린 나이에 벌써 백만장자다. 사기가 떨어진다. 시작한 지 얼마 안 됐는데 벌써 그만하고 싶다. 고민 끝에 타협한다. 잠깐 쉬기로 한다. 결국엔 하지 않게 된다. 사기가 떨어졌지만 버틸 수도 있다. 버티고 있지만 잘 안될 거라는 생각이 점점 커진다. 커지는 부정적인 생각에 계속해서 영향을 받는다. 계속 잘 안된다.

첫 취업 준비를 할 때 지원하는 회사들이 넘을 수 없는 벽처럼 보였다. 한 페이지 빽빽이 쓰여 있는 자격요건을 보면 이해도 잘 안되고 압도되었다. 거기에 맞춰 이력서와 자기소개서를 쓰는 것이 부담스러웠다. 쓰긴 쓰는데 이미 떨어진 것 같은 마음이 들었다. 수많은 이력서를 보냈지만, 답장이 없거나 탈락해서 좌절했다. 면접장에 갔을 때는 나보다 예쁘고 잘난 사람들이 많아서 '내가 선택이 될까?' 의심되었다.

나에게 이력서 파일을 준 그 친구는 이미 한 대기업에 합격해서 다니고 있었다. 자기소개서를 준 친척 오빠도 대기업에 잘 다니고 있었다. 나는 이미 시작부터 나를 그들과 비교하고 있었다. 나에겐 없는 것들이 끊임없이 확인되었다. 내가 원하는 바를 이룬다는 건 불가능해 보였다.

현재 다니고 있는 금융회사도 처음엔 높은 벽처럼 보였다. 학생시절에 워런 버핏 관련 기사를 보다가 그가 최대 주주로 있는 회사라고 해서 알게 되었다. 기업 순위를 확인하는 〈포춘(Fortune)〉의 'Great Place To Work' 사이트에 들어가서 보면 상위에 있었다. 내가 간다는 건 불가능해 보였다.

'왜 불가능해 보일까?'

이유는 사실 간단했다. 아직 내 마음속 세상에는 '내가 원하는 일을 성취했을 때의 모습'이 없기 때문 이었다. '원하는 그것'은 아직 내 세상 밖에 있었다. 무섭게 느껴졌다. 두려움이 생겼다. 무언가를 원하면 몸이 먼저 반응한다. 갖기 어렵다고 느껴질수록 아프다. 위염도 일으키고 머리는 터지려고 한다. 그냥 살던 대로 살자고 한다. 지극히 정상적인 반응이다. 뇌는 멈추라고 하지만 마음은 가라고 한다. 멈추는 것과 가는 것 둘 다 나의 선택지가 된다. 선택을 할 수가 있다. 그 선택들이 모여 지금의 내가 된다. 어떤 사람은 살던 대로 사는 쪽을 선택한다. 어떤 사람은 두렵다는 생각이 들지만 도전한다.

어떤 이는 습관이 되어서 도전을 꽤 쉽게 한다. 살던 대로 살기로 한 사람은 멈춘 것이다. 아무 변화도 일어나지 않는다. 지금의 나로 남는다. 인생에서 '멈춘다는 것'은 그 자리에 있는 것이 아니다. 뒤로 가고 있는 것이다. 괴로워하면서도 계속하는 사람은 겉으로는 아무 변화가 없다. 하지만 이미 자신의 세상을 확장하고 있다. 길을 찾고 있기 때문이다. '그래도 해보겠다.'라는 마음이 든다면 잘하고 있다. '할 수 있다.'는 마음으로 발전시키면 된다. 하고는 있는데 할 수 없다는 마음이 든다면 '할 수 있다.'는 마음이 들 수 있는 방도를 구해야 한다. 마음의 태도가 승패를 가르기 때문이다. 본서의 4장 '태도: 저 사람과 일하고 싶다는 마음이 들게 하라'에서 설명한 월렌다 효과와 플라시보 효과를 참조하기 바란다.

도전이 두려울 때 내가 할 수 있는 것, 할 수 있다는 마음이 들게 하는 법, 그 마음을 계속 키우는 법은 하나다. 바로 나 자신에게 '동기부여'를 하는 것이다.

'토끼와 거북이'라는 동화가 있다. 모두가 알다시피 경주에서는 거북이가 이겼다. 거북이가 이긴 이유는 무엇이었을까? 쉬지 않고 성실하게 목적지까지 갔기 때문이다. 그럼 거북이는 어떻게 성실하게 목적지까지 갈 수 있었을까? '할 수 있다.'라는 마음이 있었기 때문이다.

'할 수 있다.'라는 마음이란 무엇일까? '원하는 일을 이룰 수 있는 방법'이 있다는 것을 인정하는 것이다. '할 수 있다.'는 말을 계속 할수록, 인정하게 된다. 이 말은 할수록 긍정적인 감정을 불러일으키고 행동하게 한다.

거북이는 '목적지에 있는 자신의 모습'을 믿고 시선을 집중했다. 자신만의 계획을 세웠다. 경주에서는 토끼가 빨리 뛰든지 잠을 자든지 외부에 집중하지 않았다. 내가 거북이였다면 어땠을까. 경주 전에 많은 생각이 들었을 것이다. 토끼가 나보다 빨랐기 때문이다. 경주하면서도 토끼가 훨씬 빨리 갔기 때문에 애가 탔을 것이다. 토끼가 자는 것을 보았을 때는 자신도 오랜 시간 쉬지 않고 걸었기 때문에 잠깐 쉬고 싶었을 것이다. 이것이 '초점이 목표에서 벗어나 외부에 있는 상태'이다.

토끼가 처음에 자신을 추월하리라는 것을 미리 염두에 두었다. 그리고 이길 가능성이 어디에 있는지 찾았다. '토끼가 잠이 들었을 때'라는 결론을 내렸다. 경주가 시작되었을 때 거북이는 초점을 목적지에 두면서 기어가기 시작했다. 자신을 향해 동기부여를 했다. 토끼가 이미 저 멀리 앞섰을 때도. '난 할 수 있어.'라고 격려했다. 역전의 가능성이 있는 지점까지 최선을 다해서 갔다.

그렇다면 거북이는 토끼가 거기서 잘 거라는 걸 어떻게 알았을까? 토끼와 거북이의 경주는 거북이가 이긴 그날이 처음이 아니었을 수도 있다. 이미 거북이는 여러 번의 경기를 토끼에게 졌을 수도 있다.

많은 경험을 통해 햇살이 좋은 날엔 토끼가 목적지로 가는 언덕 위 나무 그늘에서 30분 정도 잠을 잔다는 패턴을 알아낸 것이다. 시원한 바람이 솔솔 부는 날이면 평소보다 30분 정도 더 잔다는 사실도 말이다. 거북이는 토끼가 자는 그 1시간 동안 전력을 다해 목적지에 먼저 도달한 것이다.

"나는 시도한 모든 일에서 실패와 실패와 실패를 경험했다. 그것을 통해 좌절과 실망, 일시적인 실패는 숨을 들이쉬고 내쉬는 것만큼 자연스러운 일이라는 걸 배웠다. 나는 학교에서 실패했고, 수많은 직업에서 적어도 처음에는 실패했다. 세일즈맨이 되었을 때 수백 번의 실패를 경험했고, 경영진이 되어서도 끝없는 실수를 저질렀다. 나는 성공하기 전에 내 인생의 모든 단계에서 실패하고 또 실패했다."

최고의 비즈니스 강연가이자 사업가인 브라이언 트레이시의 고백이다. 성공은 다른 사람과의 싸움이라기보다는 자신과의 싸움이다.

실패는 자연스러운 배움이다. 성공으로 가는 당연한 수순이다. 그리고 성공자들의 일상이다. 무엇을 배워야할지 연구하며 계속 도전하라. 실패는 성공으로 가는 방법을 알려주는 값진 데이터다. 열심히 모아라. 성공과 실패로 이분하기에 그치지 말고, 얼마나 점점 더 잘 실패하는지 점수를 매겨가라. 성공이 코앞으로 다가올 것이다. 그리고 성공이라는 도착지에 다다르게 될 것이다.

기억하라. 끝까지 해보기 전에는 불가능해 보인다.

길이 안 보이면
일단 주어진 일들을 하자

치밀해지고 싶었지만 허술했던 스물아홉. 중국에서 대학교를 마치고 한국에 들어왔을 때 나는 취업할 준비가 되지 않았다. 막막했다. 혹여나 기적처럼 누군가가 나를 취직시켜주기를 바랐다. 하지만 그런 일은 없었다. 나를 스스로 도와야 했다.

'그래, 괜찮아. 이제부터 하면 돼.'

나를 다독였다. 하지만 뭘 먼저 해야 할지 몰랐다. 마음은 급했다. 그래서 사람들이 이력서 넣는다는 곳을 따라서 지원했다. 분야는 상관없었다. 직무도 상관없었다. 괜찮아 보이는 곳은 전부 넣었다. 답변은 없었다. 엄마와 친척 오빠에게서 합격 이력서와 자기소개서 파일을 받았다. 받은 내용을 보면서 나의 이력서와 자기소개서를 열심히 고쳤다. 그리고 다시 도전했다. 분야를 넘나들며 지원을 했다. 최선을 다했다. 그러나 답변은 없었다.

하루가 한 달이 되고 몇 달이 되었다. 조금씩 지쳐갔다. 무엇보다 희망이 없었다. 아무도 답변을 주지 않았다. 이력서가 잘 간 것이 맞는지 의심이 되었다. 뭐가 잘못된 건지 여기저기 물어보았다. 답변은 다 달랐다. 어느 날은 너무 피곤했다. 여러 생각에 머리도 아팠다. 이제 막 다 쓴 자기소개서를 저장하고 얼른 자려고 했다. 그때 실수로 저장 안 함 버튼을 눌러버렸다. 문서는 저장되지 않고 꺼졌다. 나는 순간 멍해졌다. 문득 보니 컴퓨터 모니터에 내 얼굴이 비쳤다. 기분을 전환할 겸 억지로 웃는 표정을 지어보았다. 그간 핼쑥해진 얼굴. 쥐어뜯으면서 글을 써서 산발이 된 머리. 곧 서른이 되는 내 모습이 형편없었다.

'나 여태까지 뭐한 거지….'
'괜찮아, 괜찮아. 다시 쓰면 되지.'

괜찮지 않았다. 울고 싶어졌다. 입이 삐죽거렸다. 꾹 참는데 눈물이 새어 나오기 시작했다. 몇 줄기가 흐르니 나도 나를 놓았다. 그동안 억누르고 있었던 서러운 울음이 한꺼번에 쏟아졌다. 하염없이 울었다. 자멸감,

실망감, 실패감, 파괴감. 꽤 오랜 시간을 이런 마음으로 보냈다. 쌓아 왔던 것들이 다 소용없다는 생각이 들었다. 한순간에 부정적인 에너지가 나를 덮쳤다. 다 싫고, 짜증나고, 졸리고, 잠만 자고 싶고. 앞가림이 안 되기 시작했다. 나에게 길이 안 보인다는 것은 이런 것이었다. 하나님께 물었다. '어떻게 해야 할까요?'

새벽 기도와 아침 산책을 시작했다. 어느 날 공원을 걷고 있는데 공사로 막아 놓은 곳이 있었다. 그 길은 당연히 못 가는 길이라고 생각했다. 그래서 무심코 다른 갈 수 있는 길로 방향을 틀었다. 그때 문득 머리에 떠오르는 것이 있었다.

'길이 안 보이면 우선 길을 잊어야 한다.'

안 보는 게 첫 번째라는 생각이 들었다. 취직이 안 되면 우선 취직이라는 것을 잊어야 한다는 것이다. 취업을 생각하면 서른이 코앞인데 미쳤다는 생각이 들었다. 그런데 신기하게도 그래서 더 잊어야 한다는 마음이 들었다. 지금이 나를 계발할 때라는 생각이 들었다. 나에게 시간이 주어진 것처럼 느껴졌다. 계발할 수 있는 시간이 주어진 것이었다. 내가 어떻게 하면 경쟁력을 가질지 만 생각하기로 했다. 소위 필수 자격증이라고 하는 것들이 없었다. 그래서 그것들을 딸 수 있는 시간 계획을 먼저 세웠다. 나는 중국 유학을 했다. 그래서 HSK를 제일 빨리 취득할 수 있을 것 같았다. 목표 시간을 1개월로 잡았다. 그리고 토익은 2개월을 목표로 했다. 다른 점수나 자격증들도 3개월에서 6개월을 목표 시간으로 정했다. 어느덧 계획표가 꽉 채워지고 있었다.

HSK 급수를 제일 먼저 취득했다. 다음 차례는 토익이었다. 영어 학원을 알아보았다. 더는 아버지께 매번 도움을 받는 것이 죄송했다. 아르바이트를 지원했지만, 연락을 주는 곳은 없었다. 최대한 싼 곳이 어딘지 찾았다. 그러다 한 영어 학원에서 조교를 뽑는다는 것을 알게 되었다.

강사님은 평소에 존경하는 유수연 선생님이셨다. 당연히 지원했다. 조교가 되었다. 수업 전 준비를 하고 수업하시는 강사님을 돕는 역할이었다. 좋아하는 선생님의 강의를 직접 듣는 것은 처음이라 설레었다. 도울 일이 있다는 것이 즐거웠다. 막상 해보니 재미있었다. 공짜로 공부도 할 수 있었다. 마음에 활기가 돌기 시작했다.

어느 날 조교를 하던 친구 한 명이 같이 밥을 먹자고 했다. 근처 타코 가게에 가서 식사했다. 그 친구는 나에게 승무원 면접에 지원할 거라고 했다. 나는 그 친구에게 얼굴도 예쁘고 성격도 좋아서 잘될 거라고 말해주었다. 그 친구는 고맙다며 면접에 같이 가달라고 했다. 나는 그럼 같이 가서 기다려주겠다고 했다. 그러자 그 친구는 그 뜻이 아니라고 했다. 나도 지원을 하라는 것이다. 나는 잠시 생각에 빠졌다.

"그래. 같이 가자."

이것이 나에게 앞으로 다가올 사무직 면접을 연습하는 기회라고 생각했다. 가볍게 생각했기 때문에 부담은 없었다.

'그럼 그 옷을 입고 갈까?'

정장이 없어서 고민하던 나는 가지고 있는 유일한 한 벌을 떠올렸다. 그리고 잊고 있던 일이 떠올랐다. 10년 전 승무원학과 면접을 본 적이 있다. 열아홉 살의 나는 그때도 큰 좌절감을 겪고 있었다. 수능에 실패했기 때문이다. 경기도에 있는 대학들에 지원했는데 예비 한참 끝자락에 걸려 있었다. 그즈음 아버지께서 승무원학과에도 지원해 보는 건 어떨지 물어보셨다.

그쪽으로 잘 아시는 분과 상담을 했었다. 그분은 솔직하게 나는 승무원 상은 아니라고 하셨다. 하지만 항공 경영과는 가능성이 있다고 하셨다. 거기로 지원해보라고 하셨다. 항공 경영과에 지원하려고 했다. 그런데 아무리 생각해도 지원을 한다면 항공운항과를 해보고 싶었다. 그래서 조금 갑작스럽게 인하공전 항공운항과에 지원했다.

면접 날이 되었다. 교실에 앉아 기다리고 있었다. 면접 전에 재학생 분들이 오셨다. 오리엔테이션을 해주셨다. 우아한 외모에 반짝이는 머릿결이 인상적이었다. 문득 돌아보니 세상에 있는 모든 예쁜 친구들이 여기 모인 것 같았다. 준비되어 보였다. 바로 승무원을 해도 될 것 같았다. 나도 나름 꾸미려고 그 전날 산 파우더를 바르고 아이라인을 칠했다. 정장도 한 벌 샀다. 나는 안 될 것 같았다. 면접관님들도 나에겐 별 질문이 없으셨다. 불합격이었다. 아침이라 얼굴이 부어서 그렇다고 생각했다. 사실은 내가 못생겨서 떨어졌다고 생각했다. 처음엔 속상했지만 금방 잊었다. 은연중에 나는 승무원은 될 수 없을 것이라는 마음이 생겼다.

카타르 오픈데이는 예상했던 면접과 매우 달랐다. 우선 면접 공간이 꽤 시끌시끌했다. 면접관님들이 앉아 계시면 줄을 서서 이력서를 제출하고 면접을 보았다. 내 차례가 되어 나갔다. 갈색 머리와 구릿빛 피부를 가진 면접관님이 멋진 검정색 비즈니스 정장을 입고 계셨다. 시원한 미소로 맞아 주셨다.

이력서에 영어 이름을 루이스(Louise)라고 적었다. 면접관님은 자신이 슈퍼맨의 루이스를 좋아한다고 말씀하셨다. 나도 슈퍼맨의 루이스처럼 열정적인 사람인지 물으셨다. 나는 그렇다고 대답했다. 좋아하는 일을 할 때는 밤을 새워도 끄떡없다고 말이다. 우리는 서로 웃었다. 그리고 면접관님은 지원동기를 물으셨다. 순간 당황했다. 왜냐하면 나는 지원동기가 없었기 때문이다. 친구가 가자고 해서 그냥 왔다고 말할 순 없지 않은가!

버건디 색의 유니폼이 예쁘고 회사도 좋다고 대답했다. 진실이긴 했다. 면접장에 들어오면서 본 유니폼이 예뻤다. 면접관님과 대화를 하면서 카타르 항공이 좋아졌다. 그런데 누가 봐도 급조된 대답 같았다. 면접관님은 뭔가 아쉽다는 표정을 지었지만 이내 웃으셨다. 고맙다고 하셨다. 면접은 그렇게 끝났다. 나는 떨어졌다. 하지만 이것은 끝이 아니라 시작이었다. 할 수 있을 것 같다는 마음이 들었다. 그때는 여유가 없어 각자의 길을 가다 멀어졌지만, 같이 가자고 제안해준 그 친구에게 이 기회를 빌려 감사의 인사를 전하고 싶다.

　나의 경험만큼이 나의 현재 세상이다. 그래서 보고 싶은 그 길이 안 보이는 것이다. 부여잡지 마라.

　길이 안보이면 조급하고 답답하다. 이는 '인내'를 훈련하는 시간이다. 인내는 사람을 실망시킨다. 더 나아가 절망하게 하는 가장 힘든 배움이다. 하지만, '기다림'을 가르쳐준다. 남들이 기다리지 못해서 이루지 못하는 많은 일을 이루게 한다. 훈련될수록 더 여유를 갖게 되고, 시간을 이용해 목적달성을 위한 경쟁력을 강화할 수 있게 된다. 길이 안 보이면 그 길은 우선 잠시 잊어야 한다. 그리고 시간이 주어진 것으로 새롭게 인식해 보라. 그때가 경쟁력을 키우는 시간이다.
　시간을 사용하자. 내가 뭘 가졌는지, 뭐가 없는지, 무엇을 강화할지를 파악하자. 나를 알아가자. 이것들이 나에게 주어진 일들이다. 주어진 일들을 통해 경험의 양을 먼저 늘리자. 나를 알아가는 과정에서 새로운 환경에 들어서게 될 것이다. 그때 다시 길로 눈을 돌리자. 보이는 길만 보아왔다면 이제부터는 그 외에 어떤 길이 있는지 둘러보자. 마음에 드는 길이 있다면 자세히 들여다보자.

주어진 상황 속에서 가고자 하는 길을 향해 첫발을 내딛자. 한 발을 내딛으면 하나만 보이는 것이 아니다. 한 발에는 연관된 수많은 환경들이 있다. 그 환경들을 통해 내가 볼 수 없었던 길이 또 하나둘씩 보일 것이다. 주어진 일들을 하면서 바뀌고 있는 나와 환경을 인식하라. 길을 볼 수 있게 된다. 새로운 길이 보이면 가보아라. 그곳에 답이 있을 수 있다. 어디에 내 마음에 맞는 답이 있을지는 가보아야 알 수 있다.

07

승무원이 되고 나서
알게 된 것들

고민했던 시간, 열정적으로 밤을 지새웠던 시간, 망설이던 시간, 울고 다시 일어나던 그 모든 시간들을 돌아보니 배움이었다. 성장하고 있었다. 그렇게 '승무원이 되고 나서 알게 된 4가지'에 대해 나눠보려고 한다.

첫 번째로 알게 된 것은 감사가 '힘'이라는 것이다. 랜디 포시는 "우리가 평생 가져야 할 태도가 있다면, 지금 이 순간에 늘 감사하며 살아야 한다는 것이다."라고 말했다. 사람들은 좋은 일이 있어야 감사를 한다. 그런데 승무원이 되면 모든 행동의 끝에 감사를 말하게 된다. 있는 것과 잘한 것을 인식시켜줌으로써 만족감을 통한 힘을 얻는다. 내 삶의 방향이 긍정적이라는 것을 인식한다. 그 방향에 가속도가 붙는다.

이 말은 또한 사람의 마음을 여는 '황금 열쇠'다. 듣는 사람과 하는 사람 모두 힘이 생긴다. 그리고 마음이 풀린다. 모두를 웃게 한다. 도움을 준 사람은 내가 도움을 주었다는 생각이 들자 더 많은 도움을 주고 싶어진다. 무엇을 줄지를 계속해서 생각하게 된다. 그리고 새로운 도움을 준다. 이것이 "감사합니다"에 대한 결과다. 내가 나에게 하는 감사라 해도 결과는 같다. 처음엔 진심 있는 감사가 어렵더라도 양을 채우면 감사의 이유가 나타나기 시작하고 진심 어린 감사가 나오게 된다.

마카오에서 승무원 교육을 받은 지 며칠 지나지 않았을 때다. 엄마 목소리가 그리워 수업 쉬는 시간에 전화했다. 그런데 청천벽력 같은 소식을 들었다. 외할아버지가 돌아가셔서 장례를 치르고 있다는 것이었다. 당황했다. 왜 나에게 말하지 않았는지 떨리는 목소리로 물었다. 그러자 내가 교육을 제대로 받지 못할까 봐 걱정돼서 그랬다고 하셨다. 화가 났다.

"교육이 어떻게 할아버지보다 중요해요!"

나는 소리를 질렀다. 지금 당장 가겠다고 했다. 그러자 이미 이틀째라 와도 소용이 없다는 것이다. 그대로 털썩 주저앉았다. 동기들과 교관님이 걱정하며 다가왔다. 동기들이 안아주었다. 교관님은 비행기 표를 해주시겠다고 하셨다. 이미 이틀째 오후였다. 당장 비행기를 타고 가서 차를 타고 내려가도 발인 시간을 맞출 수 없었다. 나는 절망했다. 부모님 말씀이 맞았다. 교육 받을 정신이 아니었다. 교관님이 조퇴를 시켜주셔서 훈련생들이 머무는 호텔로 돌아왔다. 눈물이 계속 나서 앞도 안 보이고 숨쉬기도 어려웠다. 무엇보다 가슴이 찢어지는 것 같았다.

할아버지는 첫 손녀인 나를 많이 사랑해주셨다. 안아주시던 기억. 같이 웃고 노래 부르던 기억. 할아버지 자동차에 타고 같이 가던 기억. 같이 산책하던 기억. 이것저것 공부하신다며 책을 보여주시던 기억. 함께 했던 기억들이 계속 떠올랐다. 정말 좋았었다. 마카오에 오기 전에 할아버지를 뵈러 갔었다. 암으로 많이 고통스러워하셨다. 말씀은 못 하셨지만 힘겹게 손을 뻗어 내 손을 잡아 주셨다. 반갑다는 인사였다. 교육이 끝나면 할아버지를 모시러 올 테니 함께 홍콩에 야경 보러 가자고 했었다. 할아버지는 홍콩 가자는 말이 좋으셨는지 환하게 웃으셨다. 나는 헤어지기 아쉬운 마음을 뒤로 하고 돌아왔었다.

견디기가 어려웠다. 몸은 뜨겁고 등골은 오싹했다. 온몸에 계속 닭살이 돋았다. 나는 장례식에 있어야 하는데. 여기 있는 내가 원망스러웠다. 얼마나 울었는지 잘 기억이 나지 않는다. '할아버지, 많이 사랑했어요. 고맙습니다.' 이 말을 되뇌었다. 여기서라도 할아버지와 작별 인사를 하고 싶다는 마음이었다.

'사랑해요. 고맙습니다. 사랑해주어서 고맙습니다. 저의 할아버지여서

고마웠습니다. 안녕히 가세요. 또 만나요.'

계속 감사를 되뇌었다. 그저 감사하다고. 고맙다고. 그렇게 말했다. 나중에는 나에게도 고맙다고 말했다. 그리고 괜찮다고. 괜찮다고 말했다. 누군가가. 내 입을 통해서 그렇게 말했다.

요동치던 마음이 가라앉기 시작했다. 알 수 없는 위안이 들기 시작했다. 왠지 할아버지가 와서 안아주시는 것 같기도 했다. 부정. 분노. 원망. 좌절. 그리고 수용하기까지. 이 모든 단계를 감사를 되뇌며 보냈다. 나중에는 마음이 열리고 힘이 생기는 느낌이었다. 뭔가 나를 돕고 싶어졌다. 그때부터였다. 내가 나와 대화를 시작한 때가.

이렇게 두 번째로 알게 된 것은 '나와의 대화' 또한 남과의 대화만큼 중요하다는 것이다. 얼마 지나지 않아 일을 시작했다. 나 자신과 마주할 기회를 얻었다. 비행기가 이륙할 때 그리고 착륙할 때 점프 시트에서의 십여 분은 오롯이 나만의 시간이었다. 또 쉬는 날도 온전히 나와 함께 하는 시간을 가졌다.

어느 날, 드디어 내가 나에게 마음을 열었다. 두려워하던 것들을 처음으로 써 보았다. 가족의 경제문제와 건강, 어머니 사업, 업무에 대한 부담감, 인간관계에 대한 두려움, 나에 대한 기대와 실망. 토로하며 시작했지만, 나중에는 미래에 대한 희망을 쓰고 있는 자신을 발견했다. 항상 바쁘고 정신없던 나를 바라보는 첫 기회가 된 것이다. 두려운 것들을 쓰고 나서 처음 한 질문은 '나는 나를 어떻게 대하고 있는가?'였다. 다른 사람에게는 친절했지만, 나에게는 가혹했다는 사실을 깨달았다.

나에게 힘을 주는 대화를 시작했다. 할 수 있다고 나에게 말하기 시작했다. 어떤 상황이든 불안해 보이면 괜찮다고 잘하고 있다고 말해주었다. 누군가가 나에게 다가와 부정적인 말을 쏟으면 나를 적극적으로 보호하기 시작했다. 그러던 중 알게 된 것은 내가 승무원 상이라는 것이었다. 다른 말로 하면 내가 어떤 사람인지는 내가 정하게 되었다. 예전의 나는 타인이 나에게 붙여준 꼬리표를 그대로 믿으며 내가 가진 잠재력을 허비했다. 나중에는 그 사람이 단 꼬리표를 원래 내가 단 것처럼 마음에 새겼다. 승무원이 되기 전 승무원인 척 생활했다. 그것이 나 스스로 승무원이라는 꼬리표를 붙여준 것이라는 걸 깨달았다. 그 뒤로 나의 꼬리표는 내가 원하는 것으로 붙일 수 있게 되었다.

세 번째로 알게 된 것은 내가 나를 사랑할 때 남도 나를 사랑한다는 것이다. 예전에는 나를 돌볼 시간이 없다는 핑계로 가꾸지 않았다. 그러고는 못났다고 자책했다. 승무원이 된 후로는 의무적으로 나를 꾸며야 했다. 그러다 보니 자연스럽게 나에게 집중하게 되고 돌보게 된 것이다. 머리부터 발끝까지 다 신경을 썼다. 영양제와 좋아하는 향수 등을 마음껏 먹고 바르고 썼다. 마음이 충만해졌다.

　매 비행 전, 머리상태, 화장, 옷매무새, 구두, 손톱, 향기 등을 점검을 받았다. 그중에 나는 손톱 체크가 제일 기억에 남는다. 여담이지만 나는 아주 어려서부터 손톱을 뜯는 버릇이 있었다. 그 오래된 습관을 승무원 면접을 보면서 바로 고쳤다. 손을 볼 때마다 신기했다. 세 살 버릇 여든 간다는 속담이 무색해지는 순간이었다. 손을 관리한다는 것은 성실하다는 증거다. 특히 승무원에게는 더 그렇다. 업무 특성상 손 쓸 일이 많다. 하루만 비행해도 잘 발라놓은 매니큐어가 쉽게 벗겨진다. 깔끔하고 매니큐어가 잘 발라진 손은 자기관리가 잘 되고 있다는 것을 보여준다. 내가 좋아졌다. 내가 나를 좋아하니 나를 좋아하는 사람들도 많아졌다. 내가 나를 사랑할 때 남들도 나를 사랑한다는 것을 알게 되었다.

　네 번째로 알게 된 것은 건강은 진실로 중요하다는 것이다. 승무원 업무는 생각했던 것보다 훨씬 고됐다. 승무원이 되기 전에는 승무원이 이렇게 공부를 많이 하는 줄 몰랐다. 그리고 비행 준비 시간이 이렇게 짧고 할 일이 많은 줄 몰랐다. 카트가 이렇게 무거운 줄 몰랐다. 일하는 데 변수가 이렇게 많은지 몰랐다. 업무 시간이 이렇게 자유자재로 바뀌는 줄 몰랐다. 상사와의 관계는 또 왜 이렇게 긴장이 되는지. 강한 체력이 필요했다. 좋아하는 일이어도 일은 힘들었다.

　입사 당시 나의 체력은 정말 약했다. 식사를 건너뛰는 습관이 있었다.

그런데 이 일을 하면서 밥을 거르니 업무를 소화할 수가 없었다. 식사를 안 하면 무조건 아팠다. 밥을 잘 챙겨 먹게 되었다. 면접 때 좋아하는 음식을 샐러드라고 정해뒀었는데 그 답변이 좋아 보여서 그랬을 뿐이었다. 그런데 그 말은 현실이 되었다. 비행 후 피곤할 때 집에 가는 길에 서브웨이에 들러 샐러드를 먹는 시간이 최고로 좋아졌다. 속이 편하고 건강해지는 느낌이었다.

삶은 살수록 많은 일의 '병행'이다. 현재 일을 하면서 미래를 함께 준비한다. 나의 체력만큼 그 준비를 할 수 있다.

요컨대, 나 자신에게 충실한 삶이 좋은 삶이라는 것을 알게 되었다. 승무원은 여러 환경 속에서 많이 참는다. 그것이 오래 쌓이면 마음 깊은 상처가 된다. 남에게만 잘하고 나에게는 무심하면 절대 행복하게 일할 수 없다. 오래하기도 어렵다. 내가 나에게 했던 고맙다는 말. 자신과의 대화. 그리고 일이 끝나고 집에 와서 나에게 해준 품질 좋은 아로마 팩 하나. 건강한 식사 한끼. 그것들이 나를 지키고 만나는 사람들을 진심으로 대할 힘을 주었다. 내 마음의 뿌리가 풍성한 것. 그래서 가슴 깊은 곳에서부터 밝은 진심이 나오는 것. 그것이 서비스하는 사람들의 가장 기본이다.

08

승무원이 되고 나서
진짜 공부를 시작하다

'나는 어떤 사람이 되고 싶은가?'

마음속에서 이런 말을 되뇌고 있었다. 외할아버지께서 하늘나라에 가신 지 얼마 되지 않아 비행을 시작했다. 친가 외가를 통틀어서 직계 어른이 돌아가신 것이 처음이었다. 나는 처음으로 가족을 잃은 슬픔을 달래는 중이었다. 무작정 계속 감사하다고 말했다. 처음에는 할아버지에 대한 감사였다. 다음은 나에게도 감사하다고 말했다. 그리고 오늘에 감사하다고 말했다. 오늘이 나의 마지막 날이어도 감사하다고 말했다.

나는 안전했다. 마지막 비행까지 안전하게 마쳤다. 그런데 내 주위의 모든 것이 나에게 삶은 유한하다고 말해주었다. 하늘나라에 먼저 간 두 친구가, 할아버지가, 이륙과 착륙하는 그 시간이, 난기류가, 내 앞에서 쓰러진 어떤 승객이, 시간이 소중하게 느껴졌다. 문득 나에게 질문을 했다. '나는 어떤 사람이 되고 싶지?'

매일 비행기를 타고 목적지에 가면서 내 삶의 목적지에 대해 생각했다. 무엇이 되고 싶은가 보다는 어떤 사람이 되고 싶은 가에 대해서 생각하기 시작했다. 이것은 마카오에서 만난 남편의 영향도 있다. 남편에게 꿈이 무엇이냐고 물었다. 그는 '배워서 남 주는 사람'이라고 했다. 셰프 같은 직업이 꿈 아니냐고 되물었다. 그는 직업은 자기 꿈의 일부일 뿐이라고 했다. 나는 그 대답이 마음에 들었다. 어떤 사람이 될지 생각해보기로 했다. 그 여정에서 '7가지 진짜 공부'를 시작했다.

첫째, 계획. 승무원의 일에는 우리의 인생처럼 예외상황이 참 많다. 그래서 오히려 기본 절차와 계획을 철저히 해야 예외적인 상황들을 파악하고 대처할 수 있었다. 비행기 도착 지연, 물자들이 실리는 시간과 순서, 실리는 물자의 양, 사무장님의 예외적인 지시들, 동료들의 업무속도에 따른 여분 업무 재배치 등등. 계획성, 담력과 유연성이 나날이 커졌다.

둘째, 소통. 열심히 일하는 어떤 선배님이 계셨다. 이분은 이쑤시개의 영어단어를 계속 틀리셨다. 그것만 고치면 완벽할 것 같아서 비행 후 회의시간 때 먼저 원래 단어를 알려드렸다. 그 선배님의 얼굴이 울그락불

그락했다. 화가 나서 집에 가셨다. 집에 가서 그 상황을 반성하다가 '자존
감 효과'라는 것을 알게 되었다. '인정받고 존중받기를 원하는 욕망'을 자
존감이라고 한다.

미국의 실용주의 철학자 존 듀이(John Dewey)는 "자존감은 사람에게
가장 간절한 욕구다."라고 했다. 사람과 상황의 장점에 초점을 맞추어 소
통을 하겠다는 결심을 했다. 우선 사과를 드렸다. 그리고 다음 비행 때는
챙겨주시는 것들에 집중적으로 감사인사를 드렸다. 선배님이 계셔서 얼
마나 좋은지도 말씀 드렸다. 다행히 선배님의 기분이 풀리셨다. 사이가
좋아졌다. 사람의 자존감을 먼저 소중히 지켜주는 것이 소통의 기본임을
깨달았다. 또한, 상대에게 긍정적인 감정을 채워주는 것이 결국 나 자신
에게도 긍정적인 감정이 돌아오게 하는 최고의 소통임을 알게 되었다.

셋째, 고객지향적인 서비스 마인드. 비행을 시작한 지 얼마 되지 않았
을 때였다. 한국 비행을 가는 중이었다. 음료수를 따르는데 갑자기 난기
류가 심하게 왔다. 들고 있던 음료수가 손님에게 살짝 튀었다. 우선 바로
냅킨을 드렸다. 손님도, 카트 맞은편에 있던 선배도, 다른 손님들도 나를
쳐다보았다. 사과를 드리려고 하는데 너무 놀란 나머지 혀가 꼬였다.

"죄…죄쇼합니다!"

손님 표정이 누그러졌다. 바지를 냅킨으로 탈탈 털면서 "뭐야, 외국인이었어? 으이그, 됐어요. 가 봐요."라고 하셨다. 다행히 바지는 깨끗하게 닦였지만, 나를 외국인이라고 생각하시는 것 같았다. 아니라고 말씀을 드리려고 했다. 맞은편에 있던 중국인 선배는 서비스를 받지 못한 손님들께 가는 것이 급하다고 했다. 일이 끝나고 다시 오려고 했다. 그런데 서비스를 끝내자마자 착륙 준비가 빠르게 이뤄졌다. 점프 시트로 가게 됐다. 찜찜했다.

집으로 돌아와서 계속 생각했다. 내가 편하고 빠르게 음료를 따르려고 컵을 높이 든 것이 문제였다. 낮게 들고 있었으면 그 손님의 옷에 음료가 튀지 않았을 것이다. 음료수를 손님 좌석으로부터 최대한 멀리하기. 그리고 최대한 낮은 위치에서 따르기. 드리기 전 난기류가 있는지 확인하기. 요컨대, 내 중심이 아닌 고객을 고려하여 업무를 진행하기. 상대방의 입장에서 생각하고 행동하기. 작은 부분의 차이가 큰 사고를 일으킬 수 있음을 명심하기. 이 작은 결심은 나의 핵심 수칙 중 하나가 되었다. 나중에 후배들과 일할 때도 강조하는 부분이 되었다.

넷째, 전후맥락 상황분석. 신입이었을 때 한 손님이 비행기가 왜 이렇게 연착되느냐고 화를 내셨다. 나는 연착정보를 알려드리고 따뜻한 차도 한잔 드렸다. 그리고 마침내 곧 출발한다는 소식을 듣고 제일 먼저 알려드렸다. 그런데도 손님은 표정이 안 좋았다. 신입이었던 나는 부사무장님께 말씀드렸다. 그분은 손님에게 가서 요리조리 보시더니 갤리에서 커피 팩을 하나 꺼내 오셨다. 손님에게 "좌석 앞에 놔 드릴까요?"라고 물으니 손님이 고개를 끄덕이며 고맙고 하셨다. 손님의 표정이 밝아졌다. 그 손님은 사실 앞자리 앉으신 다른 손님의 연한 발 냄새가 불편했던 것이다. 말하기엔 애매하여 직접적으로 말하지는 못하고 연착이 된다고 화를 낸 것이다. 그때부터 말만 듣지 않고 상황을 전체적으로 보는 연습을 시작했다.

다섯째, 문제 해결. 손님들이 비행기에 탈 때부터 유심히 관찰하기 시작했다. 컨디션은 어때 보이는지 특이사항은 없는지. 비행기를 탈 때부터 "더워! 더워!"를 외치시며 들어오시는 분들을 기억해 두었다. 승객 중 약을 가지고 계시는 분들도 기억해두었다. 물을 미리 가져다 드리면 매우 좋아하셨다. 땀을 많이 흘려서 냄새가 나는 분들은 탈 때부터 유심히 보았다. 주변에 타시는 분들이 괜찮은지 살피고 미리 조치를 취했다. 커피 백을 쓰거나 자리를 옮겨 드렸다. 나중에는 '누가 이때쯤 콜 벨을 누르겠구나.' '무엇이 필요하겠구나.'가 느껴졌다. 미리 갔다.

무슬림 승객들의 특별 기내식과 기도 시간을 신경 쓰고, 중국 손님들로부터 감사 표시로 받은 발톱 있는 닭발과 토끼 머리 반쪽 등 승객들과의 문화교류를 통해 서로를 받아들이는 글로벌 마인드를 길러갔다. 이것이 여섯 번째 공부였다.

일곱 번째, 리더십. 입사 1년 후, 부사무장에 도전했다. 그리고 결과는 합격이었다. 조기 진급을 했다. 처음에는 너무 기뻤다. 그간의 마음고생을 보상받는 것 같았다. 그러나 곧 직급의 무게를 실감했다. 어떻게 이코노미 클래스의 서비스를 진행할 것인지 계획을 짜야 했다. 기본적인 절차가 있기 때문에 나는 대수롭지 않게 생각했다. 내가 변수를 관리하는 것과 이코노미 클래스 승무원들이 변수를 감당하게 하는 것은 달랐다. 어떤 승무원들은 그 변화를 감당하지 못했다. 조금만 눈 돌리면 실수하는 승무원들이 있었다.

어떤 승무원은 특별 기내식을 잘못 전달했다. 다행히 하나 더 여분이 있어서 괜찮았다. 연속적으로 있던 다음 비행 때는 잘할 거라고 생각했다. 격려차원에서 특별 기내식을 다시 그 승무원에게 맡겼다. 긴장했던 그녀는 또 실수를 했다. 내 잘못이었다. 보고 있어야 했다. 포기할 수는 없었다. 승무원들을 자세히 보고 업무 스타일을 파악하기 시작했다. 그 사람의 입장이 되어 마음속에서 일을 해보았다.

어느 순간 '누구는 지금쯤 다 끝내고 뭘 하겠구나, 이 친구는 아직도 일하고 있겠구나.' 이런 것까지 보지 않아도 느껴졌다. 파악한 내용을 바탕으로 계획을 짜고 업무지시를 했다. 미리 다음 업무의 힌트를 주기도 했다. 어느 날, 마카오 국적의 후배가 나를 집에 데려다주겠다고 했다. 그녀는 차가 있었다. 나와 비행한 것이 좋았다고 했다. 일도 순조롭고 재미있었다고 말이다. 웃고 있었는데 괜스레 눈물이 나려고 했다. 감사했다.

매일이 실수와 반성의 연속이었다. 힘들어서 우는 날도 많았다. 하지만, 상황을 돌아보면서 이해하려고 노력했다. 전후맥락을 파악하고 보지 못한 부분을 보려고 노력했다. 관찰하고 생각하면서 나만의 기준과 답을 얻으려고 노력했다. 계획, 소통, 고객 지향적인 서비스 마인드, 상황분석, 문제 해결, 글로벌 마인드, 리더십이라는 7가지 방면의 공부를 통해 사람에 대해 깊이 이해하기 시작했다.

스스로에 대해서도 깊이 생각하는 시간이었다. 많은 어려움을 겪고 극복을 할수록 '어렵지만 해보겠다.'라는 마인드가 굳어졌다. 해보겠다는 마음은 점차 할 수 있다는 마음으로 바뀌었다. '나는 어떤 사람이 되고 싶은가?'라는 질문에 대한 답이 나왔다. 후회 없이 도전하는 사람, 그런 사람이 되고 싶어졌다. 사무장에 도전할 수 있는 연차가 되었다. 사무장에 도전을 할 것인지 아니면 이직을 할 것인지의 기로에 놓여 있었다. 나의 선택은 이직이었다.

돈의 흐름이 궁금했다. 승무원을 하는 동안 계속 생각했다. 아버지의 반 권유 반 강요로 '적금만기'에 성공한 이후로 그 마음이 더 커졌다. 돈을 벌고 모으는 것을 배웠다. 어떻게 유지하고 쓰는지가 궁금해지던 때였다. 가고 싶다고 생각했던 금융권에 도전하기로 결심했다. 후회 없이 도전하고 싶었다. 생각만 해도 가슴이 뛰는 월 스트리트 회사에 도전하기로 마음먹었다.

CHOICE

승무원 경력으로

금융 분석가가

되다

2장

01

더 간절한 사람이
더 많은 일을 찾는다

학교를 다닐 때부터 돈에 흥미가 있었다. 그런데 돈이라는 것 자체는 적성이 될 수 없다고 생각했다. 하고 싶은 것이 없다고 생각했다. 나와 대면을 하면서 나만의 생각과 정의들을 갖기 시작했다. 내가 원하는 것은 무엇이든 흥미이고 적성이 될 수 있다는 생각이 들었다. 그리고 비행을 할수록 돈의 흐름이 궁금해졌다.

내가 일할 때가 마카오의 전성기였던 것 같다. 비즈니스 클래스가 불티나게 팔렸다. 나중에는 회사가 이코노미 클래스의 사이즈를 줄이고 비즈니스 클래스를 확장하는 공사까지 진행했다. 승객들이 한번 타면 에르메스, 샤넬, 구찌, 보테가 베네타 등으로 비행기가 가득 차곤 했다. 명품

컬렉션 같았다.

승객들끼리 시비가 붙으면 가장 많이 나오는 말이 "너 내가 누군 줄 알아?"였다. 두 분 다 사장님이었다. 나중에는 싸움을 듣고 있던 승객이 "여기 사장 아닌 사람 있나. 좀 조용히 가자."라고 말하는 일까지 있었다.

남성 승객들은 편안하게 멜 수 있는 구찌 크로스백을 많이 가지고 탑승을 했었다. 안전 규정이 엄격해서 이륙 전에 가방들은 모두 위로 올려야 했다. 같은 모양의 가방들이 나란히 정렬되었다. 오버헤드 빈 한 칸에 같은 가방이 너무 많았다. 비행기가 안전하게 이륙하고 나면 꼭 가방을 들고 화장실을 가는 사람들이 있었다. 그 사람들을 잘 보는 것은 승무원들의 임무 중 하나였다. 도둑일 수도 있기 때문이었다. 사실은 승객들이 비행기에 탈 때부터 가방을 최대한 자세히 보아두었다. 처음에는 잘 안 보였는데 습관이 되니 기억도 잘 났다. 계속 확인하고 사무장님께 보고를 했다. 도둑은 즉시 검거되었다.

'이 많은 부자들은 어떻게 부자가 된 것일까?'

부자들을 계속 보고 있으니 돈을 어떻게 버는 건지 궁금해졌다. 자연스레 사람들을 관찰하는 습관이 생겼다. 사람들의 성향, 거침없거나 간소하게 옷 입는 방식, 밝거나 무겁게 말하는 방식 그리고 쓰는 물건들. 갑자기 부자가 되신 것 같은 분들, 원래 부자였던 것 같은 분들, 직책별 성향관계 등 여러 가지를 보았다.

어떤 승객 분들은 서비스가 끝나면 갤리로 오시기도 했다. 자기가 어떻게 부자가 되었는지 말씀해주시곤 했다. 재산을 상속 받은 분, 계속 실패하다가 현재 사업이 성공하신 분, 건물 값이 폭등해서 벼락부자가 되신 분, 금광을 하시는 분, 수학선생님을 하시다가 부동산 사업을 하시는 분 등등. 그분들이 공통적으로 하시는 말씀이 있었다. 사람이 제일 중요하다고. 사람을 좋아한다고. 그리고 기회가 있든지 없든지 사업거리를 알아보고 또 자기의 사업을 알린다고. 언제든지 자신을 찾을 수 있도록 말이다.

계속 뭔가를 해야 기회가 왔을 때 잡을 수 있다는 뜻으로 들렸다. 나에게 현재는 아무 기회가 없지만 뭔가 해야겠다는 생각이 들었다. 승객들과 가볍게 했던 이야기가 마음에 깊이 남았다. 그리고 해야 하는 첫 번째 뭔가를 '검색'으로 정했다.

비행 후 집에 돌아왔다. 핸드폰을 꺼내 첫 번째로 '월 스트리트'를 검색했다. 알고 보니 현재의 월 스트리트에 모든 금융회사가 있는 것은 아니었다. 그 근방에 본사들이 있는 곳도 있고, 이미 다른 곳으로 이전을 한 회사들도 있었다. 위키피디아의 설명은 아래와 같았다.

"월 스트리트라는 말은 미국의 '영향력 있는 금융세력'을 환유적으로 말할 때 사용한다. (중략) 오늘날 한 기업을 '월스트리트 회사'라고 부르기 위해서 꼭 그 회사가 물리적으로 월스트리트에 위치해 있을 필요는 없다. '월스트리트 회사'는 그보다는 그 기업이 금융서비스를 다룬다는 것을 의미하며 이런 기업은 세계 어느 곳에 본사를 두고 있어도 상관없다."

나는 다시 '가장 큰 금융서비스 기업들(Largest Financial Services)', '최고의 금융서비스기업들 (Best Financial Services)'을 영어로 검색했다. 월 스트리트 회사들이 나왔다. 회사 이름을 메모장에 정리해두었다.

두 번째로 리스트에 나온 회사들의 구인 사이트들을 검색했다. 컴퓨터에 즐겨찾기로 추가했다. 세계적인 기업들은 구인 사이트를 따로 가지고 있었다.

세 번째로 구인 사이트 안에서 '서비스(Service)'라는 세부 키워드를 검색하기 시작했다. 지역을 홍콩으로 설정해놓고 매일 구인 사이트들에 들어가 새로운 포지션이 나왔는지 확인했다. 처음에는 '서비스(Service)'만 키워드로 놓다가 나중에는 '세일즈(Sales)'도 넣고 검색했다.

시간이 될 때마다 어떤 직무가 있는지 요구조건은 무엇인지 읽었다. 처음에는 정말 생소했다. 그런데 계속 읽다 보니 익숙해지는 것 같았다.

직무에 'Customer Care'가 있다는 것을 알게 되었다. 그리고 직무에 대해 알아갈수록 나의 검색어는 다양해졌다. 'Client Service', 'Customer Service Officer', 'Service Sales Specialist', 'Customer Support', 'Client Rep', 'Relationship Analyst', 'Email Support' 등등. 최선을 다해서 계속 찾았다. '이렇게 열심히 했는데 영어 때문에 떨어지면 어떡하지? 시간 낭비 아닌가?' 라는 생각이 들었다. 판단은 나의 것이 아니라는 말을 다시 한번 떠올렸다.

네 번째로 승무원 이직이 어느 분야까지 진행되었는지 검색했다. 승무원이 승무원으로 이직한 사례가 제일 많았다. 그것은 같은 산업 같은 직종으로의 이직이었다. 다음은 업종을 옮기면서 연관 직무로 간 것 이었다. 승무원이 비서나 여행업종, 호텔의 서비스 담당자 같은 일로 간 경우였다. 여행업종을 검색할 때 연관 검색어로 호텔리어가 나왔다. 그래서 호텔리어도 검색을 해보았다. 호텔리어들은 여행업종으로의 이직을 했다는 이야기도 있고 금융권으로 갔다는 사례도 있었다. 참고로, 필자는 여기서 영감을 받아 '호텔-금융권'에 대해 '키워드 꼬리 물기' 검색을 진행했다. 그렇게 호텔리어들이 금융권으로 이직한 사례들을 찾아냈다. 나머지는 아예 직업을 바꾼 것이었다. 승무원이 공부를 해서 변호사가 되었거나 의사가 된 사례가 있었다.

여러 방면으로 알게 된 지인들에게 정보를 부탁했다. 당시 홍콩에 놀러 갔다가 직장인들이 일 끝나고 한잔하는 펍에서 알게 된 홍콩 직장인들이 있었다. 그들에게도 정보가 생기면 달라고 부탁을 했다. 이렇게 알게 된 곳으로 지원을 했다. 그리고 전화도 해보았지만 잘되진 않았다. 홍콩의 채용 요건은 상당히 까다로웠다. 관련 경력이 적으면 비자 발급이 어렵다는 피드백을 받았다.

직무가 연관성이 있어 보이면 우선 다 넣어보았다. 예를 들면, 골드만삭스 홈페이지에 나와 있는 이메일 주소로 이력서를 보냈다. 혹시나 관련 직무가 생기면 연락을 달라고 했다. JP모건 같은 경우는 구인 사이트에 인재 풀이 있어서 원하는 직종을 모두 선택한 후 나의 이력서를 업데이트 해놓았다. 이런 식으로 할 수 있는 조처를 다 취해놓았다. 나의 할 일은 최대한 많은 도전이고, 판단은 나의 것이 아니라는 말을 다시 떠올렸다.

나중에 골드만삭스 구인 사이트에 다시 들어가보았다. 공개된 이메일 주소로 이력서를 넣지 말라는 문구가 추가되어 있었다. '나처럼 이력서를 보낸 사람이 많았나 보다.'라고 생각했다. 힘이 빠졌다. 나를 위로해주고 싶었다. 제일 좋아하는 남색 원피스를 입고, 제일 좋아하는 포르투갈 식당에 가서 제일 좋아하는 와인 조개를 먹는데 눈물이 났다. 와인도 한잔하고 택시를 타고 집에 와서 잠도 잘 잤다. 기분이 훨씬 나아졌다.

그러던 어느 날, 지인에게서 연락이 와서 월스트리트 회사에 서비스경력을 요하는 자리가 있으니 확인해보라고 했다. 심장이 두근거렸다. 그때 밖에 있었는데 얼른 집으로 갔다. 준비해두었던 이력서를 고쳐서 회사의 구인 사이트로 갔다.

채용공고가 보였다. 필수 기재사항들을 입력하고 이력서를 업로드했다. 맘이 설레었다. 뭔가 시작될 것 같은 느낌이었다. 귀한 정보를 전해주었던 친구에게 이 기회를 빌려 감사의 인사를 전한다.

기회는 다시 한번 예상치 못한 곳에서 왔다. 하지만 계속해서 도전하면서 찾은 검색 내용들이 나의 선택에 확신을 주고 정보를 계속 더해주었다. 그 정보들은 후에 내가 치르게 되는 다섯 번의 면접에 큰 힘이 되었다. 간절하면 성실해진다. 그리고 더 많은 일을 찾는다. 준비하고 대비한다. 기회가 우연히 왔을 때 잡을 가능성이 커진다.

한번에 잘 되지 않아도 괜찮다. 무언가에 흥미가 있다면 지금 당장 떠오르는 키워드로 '검색'을 해보자. 마음이 깊어졌다면 '키워드 꼬리물기'를 해보자. 나와 흥미 사이를 연결해보자. 어디선가 길이 나온다. 하고 싶은 일이 있다면 내가 먼저 적극적으로 나를 돕자. 설령 그것이 허황돼 보여도 말이다. 하늘은 스스로 돕는 자를 돕는다.

02

모두가 반대해도
네가 원하면 가라

"나 월스트리트 회사에서 일하고 싶다고 했었잖아."

"응? 어디?"

"나 금융회사 가서 일하고 싶다고. 어떻게 돈 버는지 궁금하다고 했었잖아."

"아, 기억난다. 근데 승무원 하던 애가 거기를 어떻게 가?"

"나 합격했는데."

"??!!"

사람들에게 월스트리트 회사들에 지원하겠다고 말을 했었다. 대부분의 반응은 승무원이 어떻게 금융권에 가느냐는 것이었다. 목표가 허황되다고 했다. 당연히 안 될 거라고 생각하며 가볍게 흘려듣는 사람도 있었다. 현실적으로 나의 영어실력이 전문적인 일을 하기에는 부족하다는 피드백을 원어민으로부터 듣기도 했다. 당장 계획을 보여달라고 하는 사람도 있었다. 나의 시작점과 목표점을 연결해나가겠다는 생각이었다.

학생 때 사람들이 평가하는 가장 중요한 지표는 공부다. 공부를 못했다. 그러니 사람들의 나에 대한 기대치도 낮았다. "네가 그걸 어떻게 해."라는 이야기를 듣는 것이 꽤 익숙했다. 어렸을 때 작곡 공부를 하고 싶다고 말한 적이 있다. 어떤 사람은 기본 공부도 못하면서 무슨 음악이냐고 했다. 어떤 사람은 작곡을 잘하려면 음악 CD를 1,000장쯤 들어야 한다고 했다. 지금도 이유를 알 수 없지만 다짜고짜 미쳤냐고 하는 사람도 있었다.

고3 때 졸업 전에 버킷리스트를 쓰는 시간이 있었다. '나는 24세 때 영어, 중국어, 일본어 이렇게 3개 국어를 하겠다.'라고 썼다. 친구 한 명이 크게 웃었다. 너처럼 공부 못하는 애가 지금 영어도 제대로 못하면서 언제 다 배우냐고 했다. 차라리 학교 끝나고 매점에 가서 햄버거와 딸기우유를 사먹겠다는 확실한 것을 쓰라는 것이다.

승무원을 지원할 때도 승무원상이 아니라는 이야기를 많이 들었다. 승무원을 하기에는 나이가 많다는 이야기. 화장을 너무 못한다는 이야기. 이것도 부족하고 저것도 부족해서 한참 채워야 한다는, 대략적으로 그런 이야기였다. 나를 미리 단념시키려고 했다.

어렸을 때는 모든 이의 말을 받아들였다. 나를 실패자라고 생각했다. 어떤 때는 모든 말을 거부하기도 했다. 상처를 받았기 때문이었던 것 같다. 어느 날, '내가 왜 그들의 말에 상처를 받아야 하지?'라는 생각이 들었다. 중요한 건 주변 사람들이 아니라 '나'였다.

조언은 신기한 것이다. 모든 사람들은 누군가에게 조언을 할 수 있다. 그 경험을 해보았든지 아니면 해보지 않았든지. 성공을 했든지 실패를 했든지. 조언에도 종류와 급이 있다. 그것을 거를 수 있는 사람은 나 자신뿐이다.

'안 된다'는 말을 듣다 보면 힘이 빠진다. 내가 해보고 싶었던 일이 불가능하게 보인다. 부정적인 말은 설득력이 없어도 마음속에 쉽게 자리 잡는다. 그렇게 원래 살던 방식으로 다시 살게 된다. '된다'는 말을 들으면 힘이 난다. 내가 해보고 싶었던 일이 가능해 보이기 시작한다. 사람은 뇌의 활동으로 부정적인 경향이 있다고 한다. 이때 '된다'는 말을 지속적으로 해주면 앞으로 나아가는데 도움이 된다.

내가 하려는 경험을 해보지 않은 사람의 '안 된다.'에 대해 생각해보자. 왜 안 될까? 첫째, 가보지 않은 두려움 때문이다. 걱정되는 것이다. 둘째, 누군가의 실패담 때문이다. 셋째, 그 사람의 현재상태가 부정적이기 때문이다. 넷째, 내가 해내는 것이 싫은 것이다. 내가 하려는 경험을 해보지 않은 사람의 '된다'에 대해 생각해보자. 왜 될까? 첫째, 그 길을 모르지만 나를 응원해주고 싶은 것이다. 둘째, 원래 낙천적인 사람에게 물었을 때 나올 수 있는 답변이다. 셋째, 나에게 다른 목적이 있는 사람이다. 넷째, 믿음의 힘을 알고 있는 사람이다. 내가 하려는 경험을 해본 사람의 '안 된다'에 대해 생각해보자. 왜 안 될까? 첫째, 자신이 같은 길이나 혹은 비슷한 길을 갔다가 안 좋은 일이 있었기 때문이다. 혹은 실패를 했기 때문이다. 걱정 혹은 질투심이 생긴 것이다. 둘째, 객관적으로 정말 안 되는 이유가 있기 때문이다. 내가 하려는 경험을 해본 사람의 '된다'에 대해 생각해보자. 왜 될까? 첫째, 자신이 같은 길 혹은 비슷한 길을 갔고 성공했기 때문이다. 성공의 요소들을 알고 있다. 믿음의 힘을 알고 있다. 이렇게 정리를 해보니 두 가지 생각이 들었다.

"사람이 결정을 내리는 상황적 배경은 다양하다. 상대는 자신의 상황에 따라 조언을 한다."
"나는 나에게 맞는 결정을 하면 된다."

승무원으로 일할 당시, 같은 직종에 있는 한 지인에게 전화가 왔다. 내용은 이러했다. 일을 하면서 자신은 신문을 본 적이 없었다. 그런데 신문을 보았다고 어떤 선배가 디 브리핑 때 지적을 했다는 것이다. 기내에 실리는 신문들은 중국어인데 그녀는 중국어를 할 줄 몰랐다. 디 브리핑을 참관하고 있던 슈퍼바이저가 리포트를 했다. 본사에 가서 설명을 해야 하는 상황이 되었다고 한다.

그녀는 본사에 가서 모든 상황을 차근차근 설명했다. 회사에서는 그녀가 하는 말을 존중했지만, 그 선배가 한 디테일한 증언 또한 가볍게 들을 수 없어 결론이 나지 않았다. 그런 상태에서 그녀는 그 선배와 다시 비행을 해야 하는 상황이 되었다. 그녀는 나에게 자신은 잘못이 없으니 가면 어떨까 하고 물었다. 나는 그녀가 나와 같은 일을 겪을까 봐 걱정이 되었다.

일을 하다 보면 서로 노력하는데도 어쩔 수 없이 오해들이 생기기도 한다. 신입이었을 때 개인적으로 비슷한 일이 있었다. 어떤 사무장님이 내가 일하는 상황을 오해하고 리포트를 한 것이다. 본사에서 차근차근 설명했고, 그 건은 경위서를 쓰지 않고 마무리되었다. 다음 비행 때 그 사무장님을 다시 만났다. 잘 지내려고 했지만, 쉽지 않았다. 그녀 또한 불편할 수도 있겠다고 생각했다. 원하면 승무원들끼리 비행을 바꿀 수가 있었다. 그래서 그녀에게 내 의사 표시를 했다.

그런데 그녀는 그 비행을 갔다. 그 선배는 병가를 내고 나오지 않았다고 한다. 그녀가 멋지고 용기 있다고 생각했다. 그리고 깨달은 것은 조언을 하는 사람과 받는 사람의 입장과 상황이 다르다는 것이다. 조언을 할 때는 나의 의견보다 '그 사람이 어떻게 하고 싶은지'와 '어떻게 도울지'가 더 중요하다는 것이다. 원하는 방향으로 잘되도록 해주는 것이 진짜 도움이라는 생각을 했다.

나를 반대하는 의견이 불편했었다. 그런데 내가 남의 일을 생각할 때는 내가 겪었던 일을 잊었다. 이 일을 계기로 나를 반대하는 누군가의 입장 또한 이해하려고 노력하기 시작했다. 조언을 듣고 하는 두 가지 입장을 모두 취해보았다. 그를 통해, 중요한 것이 무엇인지를 다시 한번 깨달았다. 그것은 '나'다. '내가 원하는 것을 하는 것'이다. 남들이 아닌 '내가 나를 어떻게 도울 것인지 생각하는 것'이 중요하다.

나는 내가 원하는 것을 나에게 말해주고 있는가. 남이 나에게 들려준 비참한 말들을 내가 나에게 계속해서 들려주고 있지는 않은가. 휩쓸리지 않도록 내가 외부로부터 오는 것들을 거르고 나를 보호하자. 중요한 것은 변하지 않는다. 그것은 바로 나, 그리고 나의 결정이다. 당신은 이 세상에 원하는 경험들을 자유롭게 하려고 왔다. 내 마음이 하라고 하는 것이 진짜다. 내게 맞는 것은 내가 제일 잘 안다.

도전을 여러 번 하면서 알게 된 것은 실패가 자연스러운 것이라는 점이다. 그 실패로부터 배운 것들을 가지고 다시 도전하면 발전이 있다. 성공할 수 있다.

그러므로, 도전해라. 모두가 반대해도 그대가 원하면 가라.

03

다섯 번의
면접을 통과하다

서른 셋, 결혼한 상태에서 월 스트리트 금융사에 도전했다. 그리고 드디어 면접의 기회를 얻었다. 놓치고 싶지 않았다. 너무 하고 싶다는 마음이 들어서일까. '안 되면 어떡하지?'라는 생각이 들었다. 그래서 차라리 안 될 수도 있다고 나에게 말을 했다. '안 되면 어쩔 수 없지. 그래도 최선을 다할 거야. 그리고 잘될 수도 있어.'라는 말을 끊임없이 되뇌었다.

분석가의 자격요건을 보았다. 요건들을 나의 자기소개서 제목이라고 생각하며 글을 썼다. 자격요건에 나의 경험이 겨자씨만 하더라도 어떻게든 하나라도 명확하게 연결시키겠다는 다짐이었다. 면접 자료는 구글에서 찾았다. 당시 한국 웹사이트에는 자료가 별로 없었다. 한국의 외국계

기업에 대한 리뷰 문화는 이제 막 형성되는 중이었다.

생각나는 관련어를 검색해서 나오는 모든 페이지를 정독했다. 그 당시 내가 가장 많이 참고했던 사이트는 '글라스도어(Glass door)'였다. 자료를 모두 모으니 A4용지로 약 70페이지 정도 되었던 것으로 기억한다. 시간이 많지 않기 때문에 합격답변에서 나의 상황과 유사한 것들을 빠르게 골라냈다. 그리고 나의 경험을 넣어서 답변 구조를 완성시켰다.

'면접은 이미 시작되었다!'

원서를 넣는 순간부터 평가는 시작된다고 생각했다. 서류가 통과되었다. 인사팀으로부터 면접 일정 논의 이메일을 받았다. 사실 이메일 내용은 "인터뷰 날짜는 언제가 좋으세요?" 같은 간단한 것이었다. 그래도 완벽한 이메일을 쓰기 위해서 다시 구글에서 '이메일 잘 쓰는 법'을 검색했다. 그리고 가장 매너 있고 정중한 격식을 골라 내가 원하는 내용을 채워넣었다.

그러고도 불안해서 친한 교회 오빠와 친구에게 피드백을 부탁했다. 인터뷰 날짜 정하는 짧은 이메일을 왜 그렇게 정성으로 쓰고 확인했느냐고 할 수도 있다. 인사과에 계신 여자분께서 이메일을 주셨는데 프로 같고 멋져 보였다. 나도 그녀의 동료가 되고 싶었다. 내가 줄 수 있는 가장 프로다운 답변을 주고 싶었다. 내가 쓸 수 있는 최고로 잘 쓰고 싶었다. 나중에 이렇게 하길 잘했다는 생각을 했다. 알고 보니 우리 팀은 '언택트 비즈니스 전문팀' 중에서도 '이메일 고객응대 전문팀'이었기 때문이다.

1차 면접이 시작되었다. 남자 면접관 분이 전화를 주셨다. 오늘 마카오의 날씨는 어떤지 물으셨다. 아주 환한 날이라고 말씀드렸다. 밖은 덥고 습하지만 집안은 에어컨을 틀어서 아주 시원하다는 말도 덧붙였다. 면접관님은 자신이 있는 곳도 밝은 날이고, 사무실 안이 시원하고 좋다고 말씀 해주셨다. 이력서에 있는 내용을 토대로 질문을 하셨다. 마지막 질문은 이것이었다.

"어떻게 업무를 훌륭히 수행해낼 수 있을까요?"
"많은 VIP 및 CIP고객들에게 서비스를 제공한 경험을 살려 어느 고객군이든 최고의 대우를 받는 것을 느끼실 수 있도록 하겠습니다. 또한, 승무원 트레이닝은 짧은 시간에 많은 것을 배우는 것으로 유명합니다. 어떤 업무자료가 주어지든 최대한 빠른 시일 내에 숙지할 것입니다. 또한, 저는 답변에 알맞은 정보를 모두 모을 때까지 '검색'하는 습관을 가지고 있습니다. 그것을 바탕으로 정확하고 공감 있는 소통을 하겠습니다. 최고의 솔루션을 가장 빠르게 제공할 것입니다."

합격이었다. 다음 일정을 잡을 수 있도록 연락이 갈 것이라고 하셨다.

2차 면접은 직속 상사와의 전화면접이었다. 너무 떨려서 전문가의 느낌을 유지하기 위해 승무원 유니폼을 입은 채로 교회로 갔다. 기도를 하고 VIP 승객을 대하는 마음으로 면접을 시작했다. 준비한 대로 자기소개를 했다. 왜 이직을 결심하게 되었는지 질문하셨다. 승무원이 되어서도 계속 공부하며 발전해왔고, 새로운 서비스 분야에서 전문성을 쌓으며 더 발전하고 싶어서 결심했다고 말씀드렸다. 대면 서비스의 경험을 살려 비대면 서비스에서 공감 포인트와 니즈를 빠르게 캐치해서 고객이 만족하는 솔루션을 제공하도록 최선을 다하겠다는 내용으로 모든 질문에 대답했다.

업계 실무경험은 없었다. 면세 상품판매를 통해 카드와 여행자 수표를 다뤘던 점, 이 업무를 하면서 느낀 것, 판매자 측과 소통을 하면서 느꼈던 것들을 스토리로 만들어 전달했다. 가장 힘들었던 경험으로는 친구의 죽음과 외할아버지가 승무원 교육 막바지에 돌아가신 것을 말씀드렸다. 아울러 승객이 하기하자마자 발작을 일으켰던 것, 말과 진짜 원하는 것이 달랐던 승객, 여러 이유로 화난 승객을 대처했던 것에 대해서도 말씀드렸다. 고객의 문제를 해결하는 3가지 요소를 무엇이라고 생각하는지 물으셨다. 나는 정성 있는 태도와 양질의 내용과 속도라고 말씀드렸다. 떨렸지만 잊지 않고 감사인사를 드렸다.

결과는 합격이었다. 얼떨떨했다. 인사 담당자님은 앞으로 세 번의 전화면접을 더 볼 것이라고 말씀해주셨다. 다음은 중국인 면접관과의 중국어 면접이었다. 중국어 면접이 있다는 생각은 하지 못해서 자료가 없었다. 그래서 중국의 포털 사이트인 '바이두(百度)'에서 자기소개한 것들을 찾아서 최대한 나에게 맞게 만들었다. 그리고 면접 문제를 검색해보았다. 다행히 문제의 내용은 어느 나라든지 비슷한 것 같았다. 그래도 혹시 몰라서 중국어로 된 문제들을 A4용지로 30페이지 정도 뽑아서 면접 볼 때까지 달달 외웠다.

3차 면접날이 되었다. 면접관님은 나의 자기소개를 다 들으셨다. 마카오에서 어떻게 일하게 되었는지와 면접관님에게 추천해주고 싶은 맛집이 있는지에 대해서 물어보셨다. 면접 겸 언어 테스트였다. 승무원이 된 경위를 말씀드렸다. 그리고 카드와 여행자 수표를 다루었던 것을 강조했다. 맛집에 대해서는 첫 번째로 학사 비치의 포르투갈 분이 하시는 레스토랑에서 파는 포르투칼식 와인 조개요리를 알려드렸다. 그리고 파인애플 모양의 호텔로 유명한 리스보아 호텔 뒤의 로컬방문이 거의 100%인 딤섬을 파는 곳도 알려드렸다. 점심시간에만 잠시 열렸다가 사라지는 곳이다. 이 두 집은 중국 본토 분들에게 잘 알려지지 않은 곳이라고 말씀드렸다. 면접관님은 '고급 맛집 정보'에 매우 만족스러워하시며 위치를 두 번 확인하셨다. 합격이었다.

4차 면접이 시작되었다. 면접관은 미국에 계신 직속 상사의 상사셨다. 면접문제의 내용은 직속상사가 하신 것과 거의 비슷했다. 다른 질문은 이것이었다. 클라이언트가 요청하는 사항을 가진 정보로 찾을 수 없을 때 어떻게 할 것인지 물으셨다. 나는 상사와 상의 후 관련된 실마리를 찾아서 파고들 것이라고 말씀드렸다. 요청하는 내용에 따라 다르겠지만 나라마다 특정 내용을 처리하고 관리하는 방법은 다를 수 있다. 우리가 놓칠 수 있는 부분은 그 '다른 부분'이다. 요청사항과 관련된 전체적인 흐름을 확인하고 관련 실마리들을 확인할 것이다. 그 실마리를 계속 타고 가서 어떻게든 답을 찾을 것이라고 말씀드렸다. 합격이었다.

마지막인 5차 면접은 한국 오피스에 계신 분들과 보게 되었다. 간단하게 한국어와 영어로 자기소개를 했다. 그리고 이력서 내용에 기반을 둔 질문을 해주셨다. 질문 내용이 상사들이 해주신 질문과 비슷했다. 답변도 비슷하게 했다. 상사와 멀리 떨어져 일하게 된다면 어떻게 소통을 할 것인지 물어보셨다. 당시 나의 근무지를 인도, 한국, 일본 중에서 고를 수 있었다. 내가 인도를 선택하지 않으면, 나는 상사와 떨어져서 일을 하는 것이었다. 한국에서 일하게 된다면 상사에게 먼저 적극적으로 주간 업무리포트를 작성해서 드리고, 계속 연결된 느낌이 들도록 즉각적인 이메일 답변 및 메신저 소통에 최선을 다하겠다고 말씀드렸다. 합격이었다.

불가능해 보였던 다섯 번의 면접을 모두 합격했다. 그리고 다시 한번 생각했다. 포기하지 않기를 잘했다고 말이다. 후회는 시간이 지나면 나에 대한 원망으로 돌아온다. 적어도 후회는 없을 것이라는 마음으로 도전했다. 슬럼프는 내 마음의 단골손님이었다. 도전하기로 마음을 먹고, 자료준비, 면접 준비와 면접을 마치기까지. 마음이라는 것은 바다를 항해하는 것처럼 키를 잘 잡고 있다가도 원치 않는 방향으로 가곤 했다.

잘되고 있다고 계속 되뇌었다. 초 단위로 되뇌어야 할 때도 부지기수였다. 쉬지 않고 마음의 방향을 바꾸었다. 이것은 마치 마음 전쟁 같았다. 그 시간이 나를 단단하게 만들었다. 합격했을 때 그 감격은 이루 말할 수 없었다. 다섯 번의 면접을 통과했다. 나는 그렇게 월 스트리트 회사의 법인 금융서비스 분석가가 되었다.

04

비즈니스 클래스를 타고
트레이닝을 받으러 가다

드디어 입사를 했다. 그리고 첫 출근을 했다. 출근 시간은 9시 반이었다. 일찍 가서 회사 분들께 인사를 드리고 싶었다. 아침 7시 즈음 사무실에 도착했다. 이미 한 분이 와서 문 앞에 서 계셨다. 그분은 〈킹스맨〉에나올 법한 멋진 쓰리버튼의 클래식 수트를 입고 계셨다. 근사했다. 알고보니 그분도 새로 오신 분이셨다. 우리는 인사를 나누었다. 조금 기다리니 한 분이 출근하셔서 들어갈 수 있게 도와주셨다.

사무실이 깔끔하고 쾌적했다. 승무원으로 일할 때는 본사 사무실은 일이 있을 때 들르는 곳이라는 인식이 있었다. 이렇게 멋진 곳에서 일을 하게 된다니. 꿈이 이루어졌다는 생각에 가슴이 벅찼다. 혹시 모를 상황을 대비하여 마음의 준비를 하고 갔다. 한국으로 이직을 했다고 하자 많은 사람들이 축하를 해주었다. 축하에 이어 한국에서 일하고 있는 사람들 그리고 일했던 사람들의 조언이 폭포수처럼 쏟아졌다.

사무실의 상사 분들과 선배님들께 인사를 드렸다. 모두 밝은 표정으로 인사를 받아주셨다. 대표님께도 인사를 드리고 싶었지만 싱가포르에 살고 계셔서 며칠 뒤에 오신다고 하셨다. 아직 컴퓨터가 없었다. 할 업무도 없어서 앉아 있었다. 사무실은 정말 조용했다. 내가 예상했던 분위기와는 다르게 타자 치는 소리조차 잘 들리지 않았다. 마음속으로 할 일을 찾으면서 계속 반듯하게 앉아 있었다.

관리부서에 계신 대리님께서 오셨다. 사무실 인터넷 비밀 번호를 알려주셨다. 나의 직속상사와 나의 업무시작을 위해 준비하신 자료들을 주셨다. 이것들을 읽어야겠다고 생각했다. 그때 대리님께서 미션을 주시겠다고 하셨다. 트레이닝을 받으러 인도 본사로 가게 된다는 것은 알고 있었다. 그런데 비즈니스 클래스를 타고 가는 것으로 상사와 이야기가 되었다는 것이다. 나의 미션은 어느 항공사를 타고 갈지 정하는 것이었다!

'모든 항공사를 타고 갈 수 있다고? 그것도 비즈니스 클래스를?'

가슴이 뛰었다. 그리고 곧 대한항공을 타고 가야겠다고 마음을 정했다. 그런데 노선이 없었다. 대리님이 주신 자료를 바탕으로 여러 항공사들을 살펴보았다. 캐세이퍼시픽 항공, 인디아 항공, 싱가포르항공등을 타고 갈 수 있었다. 캐세이퍼시픽 항공을 타고 가기로 결정했다. 홍콩에서 스탑오버를 하는 항공편이었다.

두 번째 미션은 호텔을 고르는 것이었다. 옵션이 많았는데 상사는 내가 회사에서 가까운 곳에 묵었으면 좋겠다고 하셨다. 그래서 추천해주신 힐튼호텔에 묵기로 했다. 인도 본사에서 얼마 안 걸리는 거리였다. 그런데 상사는 한 시간쯤 걸릴 것이라고 하셨다. 여담이지만 그 이유를 나중에 알게 되었다. 그곳은 교통이 좋지 않다. 길이 비포장길이 많다. 그리고 특이한 것은 도로에 동물이 많았다. 그들이 충분히 있다 갈 때까지 차가 서 있었다.

원래 이야기로 돌아와서 미션들을 완수했다. 5시 반이 다 될 쯤 회사 선배님들이 오셨다. 퇴근하라고, 조심히 들어가라고 해주셨다. 챙겨주셔서 감사했다. 나는 천천히 짐을 싸고 있다가 문득 나만 남은 것을 발견했다. 5시 반이었다. 모두 퇴근하셨다. 도서관 같은 분위기, 정시 퇴근. 그렇게 첫날을 마쳤다.

며칠 뒤, 트레이닝을 받기 위한 첫 출장을 가게 되었다. 설레었다. 비즈니스 승객을 응대하기 위해 타던 비행기를 내가 비즈니스 승객으로 타다니. 감사했다. 인생이란 알 수 없는 것이라는 생각이 들었다. 어렸을 때 생각이 문득 들었다.

아주 어렸을 때는 주변 숲에 산딸기가 가득한 곳에 살았다. 수도꼭지를 틀면 집 뒤 저수지에 사는 물고기가 물과 함께 내려오곤 했다. 세숫대야가 어항이 되었다. 가끔 마당에 뱀도 다녀갔다. 밤하늘에 별이 가득한 곳, 그런 곳에서 자랐다. 부모님들도 시골 분들이셨는데 원하는 삶을 찾아 도시로 오셨다. 아버지가 삼성항공, 대한항공, 아시아나항공, 제주항공까지 두루 거쳐 일하시면서 가족도 글로벌 마인드를 갖게 되었다. 어려운 일이 많았다. 기도하며 믿었고, 그로 인해 지금 이 자리에 서 있다는 생각에 감사했다. 마음속에는 아직도 산딸기 숲에 살던 시골 아이가 있는데 어느새 꽤 세련된 비즈니스맨이 되어 있었다.

안정적으로 일하고 결혼도 했는데 사서 고생한다는 이야기도 들었다. 그때 사서 고생하기를 잘했다는 생각이 들었다. 그 '사서 하는 고생'이 나에게는 '도전'이라는 뜻이었다. 고생은 내가 사서 하지 않아도 계속하게 되어 있다. 원하지 않는 것을 피하면서 하는 고생보다는 원하는 것을 하기 위한 '도전'이라는 이름의 고생을 계속해야겠다는 생각을 했다.

인천에서 홍콩으로 가는 비행기 시간이 되어 탑승을 했다. 좌석이 에어마카오의 비즈니스석과 비슷했다. 비행을 하면서 내가 서비스를 제공했던 승객들이 떠올랐다.

'비즈니스 승객들은 이런 느낌으로 비행기를 탔구나.'

일 생각이 들거나, 잠이 왔다. 주변을 둘러보았다. 신입들은 최선을 다해 프로처럼 보이려고 노력하고 있었다. 누가 신입이고 누가 선배인지 보였다. 그래도 그런 것에 상관없이 다 멋져 보였다. 노력하는 사람에게는 설명할 수 없는 그 자체로의 아름다움이 있다. 응원하고 싶어진다.

홍콩에 내려서 라운지에 다시 갔다. 한국에 있는 라운지보다 크기가 훨씬 컸다. 그곳엔 많은 정장 입은 사람들이 커피도 마시고 각자 할 일을 하고 있었다. 업무 보는 것 같은 사람, 신문 보는 사람. 여럿이 모여 이야기를 하기도 했다. 내가 출장에 집중해서 정장 입은 사람들이 많이 보인 것 같기도 하다. 라운지는 매우 컸고 여행객들도 많았다. 조용한 곳에 앉아 영자 신문을 보았다. 조금 보다가 잠시 잠을 청했다. 일어나니 다시 갈 시간이 되었다.

두 번째로 탄 비행기의 비즈니스석은 개인 칸막이가 있어서 훨씬 좋았다. 식사도 하고 음료도 마시고 잘 쉬었다. 두 분의 승무원이 자주 오셔서 얼굴이 낯익게 되었다. 한번은 그중 한 분이 음료를 가져다주시면서 나에게 승무원 느낌이 난다고 했다. 마카오 승무원이었는데 이직을 했다고 답했다. 홍콩으로 이직을 하려고 했는데 한국으로 가게 되었다고 했다. 그 승무원은 관심 있어 했다. 그리고 자신이 승무원이 되기 전에 했던 일 이야기를 해주었다. 나도 캐세이퍼시픽에 지원했었다고 했다. 그 얘기를 하는데 서로 왠지 웃음이 나서 웃었다.

그분은 계속 내 일에 호기심을 보였다. 그래서 내가 이직할 때 자료를 모았던 방법과 새로 알게 된 마이클 페이지, 링크드 인, 인디드 같은 정보가 많은 사이트들을 알려주었다. 여러 키워드로 찾으면서 승무원 외에 어떤 업무가 있는지 유심히 보라고 말해주었다. 사람을 계속 보다 보면 감이 오듯이 이것들도 꾸준히 보면 감이 온다고 말이다. 서로에게 고맙다고 말하며 대화를 마무리했다. 그리고 곧 인도에 도착했다. 칭찬레터를 자리 위에 살포시 올려두고 비행기에서 내렸다.

"Welcome ! Ms. Mi Young Oh."
(환영합니다! 오미영 씨.)

짐을 챙겨 출국장으로 밖으로 나가니 호텔에서 마중을 나와 있었다. 편안하게 호텔로 이동했다. 다음날 아침, 나를 데리러 와주신 직속 상사를 처음 만났다. 눈이 깊고 아름다운 분이었다. 전화를 자주해서 그런지 익숙하고 반가웠다. 회사는 크고 멋있었다. 크게 로고가 박혀 있는 회사 건물이 멀리서 보이는데 가슴이 뛰기 시작했다. 동료들을 만났다. 반갑게 인사를 했다. 직속 상사와 동료들에게서 근사한 붉은색 전통의상과 민트색 목걸이를 선물로 받았다. 때마침 나의 4차 면접을 봐주셨던 이사님도 인도에 오셔서 전체 팀이 다 모이게 되었다. 열심히 트레이닝을 받으며 바로 업무에 투입되었다. 이사님이 오신 기념으로 함께 춤을 추는 시간도 가졌다.

저녁은 근사한 구이 요리로 회식을 했다. 상사는 음악 코너로 가서 마이크를 드셨다. 나의 새로운 시작을 레스토랑에 있던 모든 분께 알려주셨다. 덕분에 박수를 받았다. 흥분되는 시작이었다. 그렇게 비즈니스 클래스를 타고 트레이닝을 받으러 다녀왔다.

05

어떻게 하는지는
시도하면서 배워가라

결혼할 때까지도 요리를 전혀 하지 못했다. 못하는 이유를 간단히 이야기하면 흥미가 없었다. 어쩌다 만들어도 맛이 없어 점점 더 흥미를 잃어갔다. 요리를 잘하는 사람들은 어떻게 그렇게 하는 건지 신기했다.

어느 날, 요리를 하고 싶다는 생각이 들었다. 결혼 후 마카오에서 처음 맞는 남편 생일을 축하해주고 싶어서였다. 남편을 위한 첫 요리는 미역국이었다.

남편을 만나면서 요리에 관한 책을 몇 권 읽었다. 『김하진의 반찬 · 밑반찬 · 국 · 찌개 · 전골』, 『식품재료사전』, 『약선식품 동의보감』 등등. 요리는 못하지만 이상은 높은 초보답게 완벽한 미역국을 끓이고 싶었다.

요리관련 서적으로 미리 요리에 충분히 익숙해지겠다는 목표를 세웠다.

책을 읽어도 어떻게 하면 잘 끓일 것 같다는 감은 오지 않았다. 그래서 무작정 시장으로 갔다. 그리고 둘러보았다. 미역은 중국어로 '하이따이 (海带)'라고 한다. 건어물상에서 찾을 수 있었다. 미역이 아주 크고 길었다. 『식품재료사전』에서 보았던 넓미역인 것 같았다. 한국 슈퍼에서 보던 쪼글쪼글 말린 미역과는 달랐지만 중국의 식재료들은 큰 것들이 많았다.

바로 미역을 사서 집에 왔다. 집에 와서 미역을 물에 담가놓고 재료 손질을 시작했다. 30분쯤 지났다. 미역이 그대로 있었다. '끓이면 불겠지.'라고 생각하고 끓이기 시작했다. 물이 팔팔 끓었다. 다시 물속을 보았다. 미역이 자른 그대로 있었다. 한참을 끓였다. 미역이 끝까지 불지 않았다. 의심이 들기 시작했다. 한참을 쳐다보고 있는데 남편이 퇴근을 해서 돌아왔다. 남편은 국을 쓱 보더니 고맙다고 했다. 생일에 다시마 국은 처음 받아본다고 했다.

한번은 슈퍼에 가서 콩나물을 샀다. 콩나물은 중국어로 '또우야(豆芽)'인데, 야채코너에 가니 '또우야(豆芽)'라고 써진 콩나물이 있었다. 조금 이상했다. 콩나물 머리 부분이 새싹처럼 조그맣게 나있었다. 숙주도 같은 중국어 단어를 쓰고 있어서 숙주 같기도 했다. 그런데, 어떤 것들은 제법 동그란 노란머리가 있는 것 같아서 헷갈렸다. 마카오에 들어오는 모든 것이 여러 번의 검역과 운반을 거친다고 들었다. 그래서 '오는 도중에 머리가 다 떨어진 건가.'라고 생각했다. 아무튼 그 콩나물밖에 없어서 샀다. 그리고 저녁에 남편이 오면 같이 먹으려고 콩나물국을 끓였다. 일을 하고 돌아온 남편은 함박웃음을 지었다. 저번보다 발전했다고 해주었다. 그리고 이건 숙주라고 알려주었다. 하나 더 배웠다.

한번은 엄마가 해주셨던 감자 된장국이 먹고 싶었다. 시장은 이미 문을 닫았다. 나가서 둘러보니 집근처 노점상에서 자색고구마를 팔고 있었다. '고구마도 감자랑 비슷하니 괜찮겠지?'라고 생각이 되어 몇 개 사왔다. 엄마가 끓이시던 것을 지나가며 본 경험이 있어서 그런지 금방 끓이긴 했다. 그런데 생각지 못한 것이 있었다. 된장국을 끓일수록 자색고구마에서 보라색 물이 흘러나와 나중에는 국 전체가 까맣게 된 것이다. 어쨌든 다 끓여져서 투명한 뚜껑으로 냄비를 닫아놓았다. 남편이 일 끝나고 돌아왔다. 부엌을 흘깃 보고는 웃으면서 오늘 메뉴는 짜장이냐고 물었다. 그리고는 부엌으로 들어가서 냄비를 열어보더니 활짝 웃었다. 국은 까만데다 오래 끓여서 그런 건지 아니면 고구마가 물을 먹은 건지 물 양이 줄어서 진짜 짜장 같았다. 그런데 강렬하게 풍겨오는 된장 냄새가 나는 된장국이라고 알려주고 있었다. 남편은 나의 요리가 신박하다고 했다.

어느 날, 지인들을 집으로 초대하게 되었다. 보통은 남편이 요리를 해주는데 그날은 남편이 집에 없었다. 걱정이 되었다. 남편에게 처음으로 어떻게 하면 좋을지를 물어보았다. 내 남편은 셰프다. 그것도 특급호텔 셰프였다. 세계적으로 유명하신 회장님과 사장님들도 그의 요리를 먹고 전용기 기내식으로 싣기도 했다. 하지만 나는 그에게 요리를 어떻게 하는지 물은 적은 없었다. 그냥 혼자 잘해보고 싶은 마음이 컸다.

남편은 여유롭게 웃으며 걱정할 필요 없다고 했다. 가볍게 와인 타임을 하면 쉽고 멋진 분위기도 낼 수 있다고 했다. 로즈마리 연어구이를 와인과 함께 내라는 것이다. 자기가 알려준 대로 그냥 똑같이 하라고 했다. 연어를 폭 3cm 정도 크기로 파는 것이 있다. 그것을 사서 굽는다. 소금과 후추를 한 꼬집 뿌린다. 로즈마리 잎을 잘라서 뿌린다. 그게 끝이었다. 와인은 내가 그 당시 잘 몰라서 남편이 마트에 가서 연어구이와 잘 어울리는 것으로 골라주었다. 나는 식탁에 분위기 있는 향초를 켜고 로즈마리 연어구이를 만들어서 와인과 함께 올렸다. 와서 먹었던 지인들은 매우 좋아했다. 나는 그들에게 분위기 있는 요리를 꽤 잘하는 셰프의 아내가 되었다.

이 이야기를 한 이유는 배움의 과정을 설명하기 위해서이다.

1단계, 글로 공부하고 관찰하다.

2단계, 모방하며 무작정 시도하다.

3단계, 스스로 분석하며 개선과 응용을 해보다.

4단계, 전문가에게 조언을 구하고 혹은 배우고 좋은 결과를 내다.

5단계, 경험을 많이 쌓고 스스로 답을 내다.

사람들은 준비가 되면 시도를 하겠다고 한다. 나 또한 그러고 싶었다. 취직을 할 때 내가 준비가 되었나 생각을 했었다. 준비로 치면 나도 꽤나 길게 했다고 생각했다. 9년의 대학생활 동안 준비를 했다고 생각했기 때문이다. 그런데, 사회로 나올 때 많이 허덕였다. 왜였을까? 새로 준비를 해야 했기 때문이다. 책으로 배웠던 요리를 실전에서 다시 배워야 했던 것처럼 말이다.

'하나의 환경'에서 '다른 하나의 환경'으로 이동하는 방법은 단순하다. 새로운 환경으로 뛰어들어서 그곳에서 적응하는 것이다. 내가 시장과 부엌에 간 것처럼 말이다. 사회라는 환경으로 이동하면서 내가 느낀 것은 '적응력'이 관건이라는 것이다. 새롭게 이동한 자리에서 잘 적응해야 한다. 나는 시장, 슈퍼, 노점상에서 좋은 재료 사기를 시도했다. 그리고 부엌에서 요리를 잘하기 위해 여러 번 시도했다.

이력서를 잘 쓰려면 '잘 쓴 이력서가 있는 곳'이나 '잘 쓰는 사람'이 있는 곳으로 가야 한다. 아직 그 이전의 환경에 있으면서 새로운 환경을 밖에서 바라보고 준비를 하려면 더 큰 끈기와 버티는 에너지와 정보가 필요하다. 그냥 하는 것보다는 책 같은 길잡이와 함께하는 것이 좋다. 사람들이 실제로 발전하고 있는 현장에서 준비를 하는 것이 훨씬 감을 빠르게 익힐 수 있다. 제일 좋은 것은 전문가에게 직접 배우는 것이다.

우리는 정보로부터 배울 수 있다. 책이나 인터넷 자료 등이 그 정보이다. 그리고 그 정보보다 더 빠른 것이 전문가다. 나를 제일 잘 가르쳐줄 수 있는 사람이 있다면 시간을 아끼게 된다. 이것을 '시간의 레버리지'라고 한다. 최소의 시간을 써서 최대의 결과를 얻는 것이다.

승무원을 꿈꿀 때는 승무원이 되어 있는 상상을 했다. 그리고 우선 책과 인터넷에서 자료를 얻었다. 벼락치기 면접 연습을 할 때 항공사에 다니시는 아버지가 최고의 선생님이셨다. 면접장에서는 면접관님들 그리고 면접자님들 모두가 나에겐 최고의 선생님이었다. 그분들이 주는 답을 알아들으려고 노력했다. 분석가 시험을 볼 때는 합격해서 다니고 있는 것처럼 상상했다. 이력서를 쓸 때 영어 이력서를 가장 잘 가르쳐줄 수 있는 교회 오빠와 친구가 내가 찾은 최고의 선생님이었다. 면접을 준비할 때는 구글에서 찾은 수많은 면접 선배님의 면접 리뷰가 도움이 많이 되었다. 업무를 시작할 때는 나의 직속 상사분과 교육관님 그리고 한국에 계시는 선배님 및 상사 분들이 최고의 선생님이었다. 책을 쓸 때도 최고의 선생님을 찾았다. '한책협'의 김태광 대표님께 지도를 받았다. 지금의 내가 있게 해주신 최고의 선생님들께 다시 한번 감사의 인사를 드린다.

원하는 일을 시작할 때는 우선 환경을 이동해야 한다. 원하는 정보가 있는 곳으로. 그리고 멘토가 있는 곳으로. 원하는 일을 시작할 수 있는 곳으로. 최상의 판단은 아니라고 해도 어느 하나를 선택해야 앞으로 나아갈 수 있다. 선택이 잘못 되었더라도 알아채는 순간 다시 시작하면 된다. 초조하게 기다리며 바라보기보다 해보고 다른 방법을 다시 하는 것이 낫다.

바꾼 환경에서 우리는 2가지를 해야 한다. 첫째, 그곳에 맞는 사람이 되는 것이다. 열심히 배워라. 실패를 해도 좋다. 실패의 감정은 보내주고 배움은 남겨라. 적응을 도와줄 수 있는 사람이 있다면 도움을 청하라. 둘째, 어떠한 상황에서도 긍정적인 면을 보는 습관을 가지는 것이다. 우리가 어떠한 상황을 예상해도 그대로 되는 경우는 별로 없다. 그것을 인정하면 마음이 한결 가벼워진다. 상황이 부정적이라고 해서 생각까지 부정적으로 할 필요는 없다. 부정적인 상황에서 긍정적인 면을 보는 훈련이 일의 성패를 가를 것이다.

모든 일은 시도하면서 배우는 것이다. 너무 심각해지지 말자. 가볍게 다시 해보기를 바라는 마음으로 '시도'를 권한다. 시도와 배움의 반복으로 원하는 목표에 가까워지자. 내가 잘 되었을 때 일어날 수 있는 어느 장면이든 마음에 품자. 그리고 실제 환경을 옮겨가라. 주변에 도움이 될 만한 지식이 있다면 모두 모아라. 베테랑을 찾아 도움을 청하라.

어떻게 하는지는 시도하면서 배워가라.

06

키워주기를 기다리지 말고
스스로 성장하라

'나는 미래가 어떻게 전개 될지는 몰라도 누가 그 미래를 결정하는지는
안다.'

오프라 윈프리의 명언이다. 그 미래를 결정하는 사람은 누구일까? 바
로 나다. 이 장에서 개인적인 성장에 대해 이야기해보려고 한다. 무엇을
원하는지 몰랐을 때는 어렴풋하게 잘살고 싶다고 생각했다. 원하는 것이
무엇인지 충분히 묻고 나서는 강력하게 내가 그 환경에 있다고 믿었다.

나와 원하는 환경 사이를 이을 수 있는 접점을 찾아 연결해갔다. 현실
화를 시키려고 노력했다. 승무원이라는 환경에 있을 때는 업무, 여행, 화
장품, 면세 상품, 맛집, 건강, 취미 같은 것들이 대화 주제였다. 그러다

보니 자연스럽게 나를 돌보게 되었다. 맛있는 음식을 즐기고, 좋은 곳에 가게 되었다. 승무원이 되기 전에는 잘 하지 않던 일들이었다.

'사람들이 좋아하는 것'과 '내 마음에 드는 것들'을 알게 되었다. 사람들이 어떻게 움직이고 반응하는지에 대해 주의를 기울이게 되었다. 나를 돌보고 알아가고 주변과의 관계들을 배우는 시간이었다.

돈의 흐름을 알고 싶었다. 돈으로 비즈니스를 하는 환경에 오고 싶었다. 그리고 실제로 오게 되었다. 입사 초기에 나는 회사 분과 함께 다니면서 여러 금융지식을 듣게 되었다. '새지 않는 바구니'라는 개념에 대해 알려주셨던 기억이 난다.

"돈을 관리하는 방법이 궁금한데 어떻게 하는지 모르겠어요."
"돈을 처음 공부할 때는 소중함을 먼저 알아야 해요. 앱테크를 함께 해보시죠."

힘들게 돈을 벌면 소중해진다고 하셨다. 앱테크를 시작했다. 웹사이트 출석하기, 광고 시청하기, 문제풀기 등등. 앱을 열고, 닫고, 문제 풀면 1원에서 2원을 주었다. 가끔 10원도 받았다. 그걸로 3500원을 모았다. 이 돈을 던킨도넛 쿠폰으로 바꿨다. 그 쿠폰으로 도넛세트를 사 먹었다. 감격했다. 사실 도넛은 그냥 사 먹을 수도 있다. 그러나 1원 2원 모아서 바꾼 그 도넛은 소중했다. 3500원이 거짓말 조금 보태서 3500만 원 같은 느낌이었다. 그냥 간직하고 싶어졌다. 작은 돈의 소중함을 알게 되었다. 내가 힘들게 모은 만큼 그 무게를 알 수 있었다. 작은 돈을 모으는 목표를 달성해보니 큰돈도 모을 수 있겠다는 자신감이 저절로 생겼다. 여러 번의 적금에 도전했고, 만기도 채웠다.

아침 회의 시간에도 점심시간에도 돈 이야기와 투자 이야기가 자연스레 이어지곤 했다. 계속 들으니 관심이 생겼다. 레버리지란 나의 자본과 타인의 자본을 이용하여 나의 자본이익을 극대화하는 것이다. 이 개념을 책을 보고 알고는 있었다. 그런데 실제로 활용하시는 이야기를 직접 들으니 책보다 훨씬 크게 체감되었다. 내 돈을 적게 들이고 은행의 돈을 사용하여 수익을 극대화한 생생한 경험담을 처음으로 눈앞에서 들은 것이다.

그날 집에 가서 하나님께 기도를 했다. 공짜로 좋은 집을 달라고 말이다. 내 집에서 아이를 낳고 싶다는 말도 덧붙였다. 며칠 뒤 예전에 같이 일했던 동생을 만났다. 그녀는 괜찮은 아파트를 발견해서 나도 가능하면 오면 좋겠다고 했다. 왠지 느낌이 왔다. 부모님과 다음 날 바로 모델 하우스에 갔다. 참고로 남편은 당시 아직 마카오에 있었다. 필자가 이직하고 1년 뒤 한국으로 들어왔다. 그 집이 아주 마음에 들었다. 부모님도 좋다고 하셨다. 남편에게 전화를 했다. 그 집을 사고 싶다고 말했다. 남편은 갑작스런 전화에 놀라는 듯 했지만 내가 좋으면 사라고 해주었다. 계획은 자기가 세워볼 테니 걱정하지 말라고 했다. 든든했다.

계약금은 4,000만 원. 당시 남편과 함께 모아온 3,000만 원이 있었다. 남편은 마카오에서 월세 외에는 돈을 쓰지 않고 모았다. 걸어 다니고 밥도 회사에서 먹었다고 한다. 나도 꼭 써야 하는 돈 외에는 쓰지 않았다. 소중한 종잣돈이었다. 계약금을 내려면 1,000만 원이 더 필요했다. 마이너스 통장이 무엇인지 아직 모를 때였다. 시댁 부모님께 1,000만원을 빌렸다. 친정 부모님께도 1,000만원을 빌려 원룸 오피스텔에 2년을 살면서 열심히 돈을 모았다.

처음으로 산 아파트. 못 갚으면 어떡하나 얼마나 애가 탔는지 모른다. 잘 모르다 보니 대출이 안 나오면 끝이라는 생각에 걱정하고 많이 울기도 했다. 모르는 세계에 발을 들이니 불안했다. 하지만 시작을 하니 끝을 내야겠다는 생각이 들었다. 대출을 갚기 위해 계속 공부를 해나갔다. 상환 옵션들과 방법들을 알게 되었다. 돈을 갚으면서 자잘한 지출을 하던 습관이 사라졌다. 돈을 쓸 곳과 안 쓸 곳에 대해 '나만의 기준'을 갖는 계기가 되었다.

하브 에커의 『백만장자 시크릿』에서는 '번 돈을 사용하는 방법'이 열심히 일하는 수준에서 똑똑하게 일하는 수준으로 옮겨가는 분기점이라고 하였다. 실전에서 해보면서 책을 보니 더 잘 이해가 되었다. 돈을 버는 기술, 돈을 모으는 기술, 돈을 유지하는 기술, 돈을 쓰는 기술 그리고 돈을 투자하는 기술에 대한 윤곽을 잡게 된 것이다. 취직과 이직을 하는 것은 '돈을 버는 기술'에 관한 것이다.

금융공부는 계속되었다. 경매공부를 열심히 하시는 분, 땅 투자를 하신 분, 상가가 있으신 분, 주식 하시는 분, 코인을 하시는 분들이 주변에 계셨다. 경매강의에 따라갔다. 여러 가지 이야기를 들을 수 있었다. 그렇게 배우는 환경이 좋았다. 재밌었다. 돈에 대한 기초를 쌓았다. 매일 성장했다.

세상의 모든 일이 그렇듯 나의 돈 공부 여정도 책에 나오는 순서대로 흘러가지는 않았다. 집을 구매하고 집값을 빨리 갚고 싶었던 나는 제테크 수단으로 주식을 택했다. 그리고 넣은 금액을 그대로 두었더니 주가 사기로 거의 10분의 1이 되었다. 이 일은 투자관련 책들을 정독하는 계기가 되었다.

고심 끝에 대출금을 조금 더 갚기 위한 수단으로 적금을 다시 선택했다. 월 상환액 외의 돈을 적금을 넣어 받은 이자만큼 돈을 더 갚는 전략을 선택한 것이다. 적금으로 돈을 일부 갚고 두 번째 적금을 넣을 때쯤 비트코인을 시작했다. 수익률이 넣은 돈의 10분의 1이 되기도 하고 현금화 수익률이 300%를 달성하기도 하면서 마음이 롤러코스터를 탔다. 땅 투자, 소액 미술품 투자 등을 따라 해보았다. NFT아트 투자에도 입문을 했다. 처음에는 나만의 투자 규칙이 없었다. 배우는 데로 도전하다 보니 하나둘씩 규칙이 생겨갔다.

누군가가 나를 키워줄 때까지 기다리지 않았다. 즐겁게 스스로 성장하려고 노력했다. 매일 읽는 책 속의 화자들은 나에게 성장하라고 그것이 그렇게 즐겁다고 끊임없이 이야기해주었다. 그들은 내 곁에 머물면서 어떠한 문제도 점을 잇다 보면 해결할 수 있다고 알려주었다. 돈이 궁금했지만 금융에 대해 제대로 알려줄 수 있는 사람이 없었다. 책으로 돈을 공부하는 것이 충분하지 않았다. 학생일 때부터 소액 적금과 주식을 경험했지만, 이것은 흐름의 아주 작은 부분이라는 것을 느꼈다.

승무원이 되고 나서는 나와 사람에 집중하는 환경이었다. 돈을 모으기는 했지만 적극적으로 배우기에는 부족했다. 돈에 집중되어 있는 환경으로 오고 싶었다. 직접 배울 수 있는 환경을 찾고 공부를 시작했다. 스스로 성장하려고 노력했다.

스스로 성장한다는 것이 때로는 잘 안될 수도 있다. 잠시 포기할 수도 있다. 느리게 배울 수도 있다. 괜찮다. 그 또한 '인내'라는 큰 가치를 배우는 과정이다. 중요한 것은 다시 일어나고 또 해보는 것이다. 가보고 싶은 길로 직접 가보라. 그럼 그 길의 끝에 하나라도 배움이 있다. 적극적으로 도전하고 그 영혼의 충족감을 느끼기를 바란다.

키워주기를 기다리지 말고 스스로 성장하라.

비즈니스 영어는
완벽해야 한다는 편견을 깨라

『세계 최고의 인재들은 왜 기본에 집중할까』에서 도쓰카 다카마사 저자는 비즈니스 영어의 3가지 특징을 아래와 같이 말했다.

첫째, 모국어의 악센트가 강하게 남아 있다.
둘째, 읽기, 쓰기, 듣기, 말하기 등 4가지 기초가 확실하다.
셋째, 논리적으로 당당하게 소통한다.

그의 말에 따르면, 비영어권 출신 뱅커나 컨설턴트를 보면 영어를 회사 생활에서 불편함이 없을 정도로 자유자재로 쓰지만 대부분 '술술' 말할 정도로 유창하지는 않다는 것이다. 비즈니스 영어는 완벽해야 한다고 생각했다. 분석가가 막 되었을 때 가장 큰 걱정은 영어였다. 영화에서 나오는 월스트리트에서 일하는 사람들을 보았는가. 걱정을 넘어서 잠이 안 올 지경이었다.

초등학교 5학년 때 미국 시애틀에 한 달 정도 있었다. 비행기 제조회사인 보잉사에 생산검사원으로 파견되어 일하고 계신 아버지를 뵈러 간 것이었다. 친구 가족과 함께 갔다. 미국이 정말 좋았다. 울창한 나무들과 드넓은 바다. 바닷가의 물개들과 꽃게들. 자유롭게 길가에 줄지어 다니는 야생오리 가족. 수영장이 있는 아버지가 계시는 타운 하우스까지.
생전 처음 보는 대형마트에 흥분했다. 하지만, 이 물건이 무슨 물건인지 그림으로 맞혀야 하는 것이 아쉬웠다. 뒷집에 사시는 미국인 부부에게 한영사전을 가지고 가서 문 앞에 걸려 있는 물건을 보고 더듬더듬 이게 뭐냐고 물었던 기억이 난다. 아저씨는 웃으면서 "차임(Chime)"이라고 알려주셨다. 그 당시에는 못 알아들었지만 재미있었다. 영어가 재미있어지려고 했다.

어느 날, 부모님들은 나가시고 아이들만 집에 있었다. 누가 문을 두드렸다. 문 쪽으로 가고 있는데 밖에 있는 사람이 문을 더 세게 두드렸다. "쾅!" 발로 차는 것 같았다. 한 명이 아닌 것 같았다. 대문 옆에 주방이 있었는데 거기에 밖을 볼 수 있는 창문이 있었다. 동네 아이들이 잔뜩 있었다. 그들의 언니 오빠로 보이는 큰 사람들도 있었다. 우리에게 알아들을 수 없는 거친 말로 화를 내고 있었다.

내가 창문을 살짝 열자 그 사이로 가래침을 뱉었다. 무서웠다. 첫째 동생에게 무슨 일이냐고 물어보았다. 막내가 며칠 전에 놀이터에서 비슷한 또래 아이 하나를 밀었다는 것이다. 막내 말에 의하면 그 아이가 자신을 놀렸다고 했다. 우리가 이야기를 하는 동안에도 바깥에 있는 아이들은 문을 부술 듯이 두드렸다. 창문 쪽도 예외는 아니었다. 우리는 부모님이 오실 때까지 방 안쪽에 숨어 있었다. 설명도 하고 그만하라고 하고 싶었다. 동생들을 보호하고 싶었다. 그런데 영어를 할 줄 몰랐다. 아무것도 할 수 없다는 수치심이 생겼다. 영어에 트라우마가 생겼다.

드라마의 주인공이었다면 그 일로 인해 영어에 불타올랐을 수도 있다. 하지만 나는 영어를 하려고 하면 주눅이 들었다. 울렁거렸다.

그런데 중국에서 영어를 전공하게 되었다. 졸업을 하려고 수학 과목이 가장 적은 과로 전과를 하면서 얼떨결에 영어과로 오게 된 것이다. 기초가 제대로 안된 나에게 전공과목은 정말 어려웠다. 게다가 중국어나 영어로 전공 영어를 배워야 했다. 포기하려는 마음을 밥 먹듯이 먹었다. 위안이 되었던 것은 '할 수 있다'고 동기부여를 해주시는 류혜미 교수님을 만나게 된 것이다. 발표 수업의 교수님이셨는데 매번 발표가 끝나면 의기소침해 있는 나에게 아낌없이 칭찬해주셨다. 그때부터 영어가 조금씩 좋아졌다. 여전히 힘들었지만 열심히 하기 시작했다.

열심히 공부하던 중 충격을 받는 일이 생겼다. 학교에서 쉬는 시간에 숙제를 하고 있었다. 외국인 고등학교를 나온 같은 과 동기가 어떤 영어 표현을 보고 웃는 것이다. '겁이 많다'는 표현이 'mouse-hearted'라고 쓰여 있었다. 중국 사자성어 중에 '쥐처럼 겁이 많다(胆小如鼠)'라는 말이 있다. 그 말을 번역한 것 같았다. 왜 웃는지를 몰랐다. 설명을 들어보니 '겁이 많다'는 표현은 'chicken-hearted'라는 것이다.

그 친구는 영어를 잘해서 그 상황을 웃고 여유롭게 넘겼다. 나는 그때 다른 숙제로 바빠서 그 내용을 면밀히 보지는 않았다. 어떤 다른 뜻이 있어서 그렇게 설명을 한 것일 수도 있었다. 하지만 배우고 있는 내용을 구분하지 못하고 있는 스스로가 걱정이 되었다.

지금은 나라마다 문화가 있고, 그 문화가 영어에 반영된다는 사실이 놀랍지 않다. 비즈니스를 하다 보면 커뮤니티마다 사용되는 특정 표현들이 있다. 지금은 이런 표현을 보면 해당 국가 파트너와 더 친밀감 있게 소통할 수 있는 '자산'이라고 생각한다. 소통을 하는 과정에서 정확한 표현을 쓸 것인지, 친숙한 표현을 쓸 것인지는 두 표현을 모두 알고 있을 때만 선택할 수 있기 때문이다.

앞의 이야기로 돌아와서, 그 작은 사건으로 인해 나에 대한 확신이 약해졌다. 수업과 병행하며 써야하는 몇백 페이지의 논문을 잘 해낼 자신도 없었다. 결국엔 안될 것 같아서 1년을 휴학했다. 미국이나 호주로 유학을 가고 싶었지만 사정이 어려웠다. 부모님께 부탁을 드렸다. 부모님은 어려운 상황에도 필리핀으로 어학연수를 보내주셨다.

거기서 뵙게 된 김순남 원장님은 동기부여에 탁월한 분이셨다. 강력하게 응원해주시고 따듯하게 위로를 해주셨다. 교육장소 모든 곳에 명언들을 붙여 놓으셔서 어디를 보든 동기부여가 되었다. 지쳤던 마음이 많이 좋아졌다. 배우자이신 나용택 사장님은 빼어난 요리솜씨로 자주 맛있는 음식을 해주셨는데 먹을 때마다 든든하고 다시 도전해볼 힘이 났다. 영어 기초공부와 동시에 어려웠던 부분들을 다시 차근차근 정리했다. 대학을 졸업하고 나서 교회를 통해 알게 된 헨리 홍 목사님께 영어과외도 한 달 받았다. 교재를 직접 만들어주셨는데 내용이 술술 외워졌다. 영어가 많이 늘었다.

항공사를 선택할 때는 중국계로 가서 중국어와 영어를 병행하여 쓰면서 영어 실력을 계속 늘리고 싶었다. 에어마카오에 입사를 하니 다국적 동료들이 모여 있었다. 중국, 포르투갈, 미국, 영국, 필리핀, 프랑스, 브라질 등은 물론이고 뵐 기회가 없었던 몰디브나 크로아티아 등 멀리서 오신 분들도 계셨다.

그분들의 영어발음은 다 달랐다. 그런데 공통점이 하나 있었다. 그것은 '자신감'이었다. 영어를 잘하는 분도 계셨고, 조금 알아듣기 어려운 발음도 있었다. 중요한 점은 모두가 자신의 발음이나 악센트를 의식하지 않고 당당하게 영어를 한다는 것이었다. 이것이 에어마카오에서 영어에 대해 배운 교훈이었다. 당당하게 말하려고 노력하기 시작했다.

미국계 회사로 이직을 하니 확실히 영어 원어민의 비중이 많아졌다. 하지만 회사 규모가 워낙 크다보니 비영어권 출신들도 굉장히 많다. 그들은 자신의 상황에서 할 수 있는 여러 가지 방법을 최대한 활용하여 영어를 배웠다. 목표를 영어로 막힘없이 말할 수 있는 비영어권 영어 구사자가 되는 것으로 정했다. 원어민은 당연히 영어를 잘한다. 그분들은 경쟁 상대가 아닌 영어 선생님으로 정했다. 우리가 모두 알고 있는 책으로 배운 영어문장을 한번 말해보겠다.

"How are you?"
"I am fine. Thank you. And you?"

외국회사에서 이렇게 인사하는 사람을 아직 보지 못했다. 일하는 곳에서 자주 쓰는 표현을 따라 하면 자연스럽게 들린다. 입사 당시 나의 등 뒤에는 마음속으로 정한 최고의 영어선생님이 앉아 계셨다.

"How are you?"

"I am good. What about yourself?"

그렇게 하나씩 내가 속해 있는 환경에서 사용하는 영어를 알아가기 시작했다. 많은 상황과 경험 속에서 표현들을 익혔다. 지금은 글로벌 시대다. 영어 원어민도 비영어권 인사와 소통을 하려고 공부를 한다. 예를 들면 함께 일하는 말레이시아 팀들은 "I wish to inform~"이라는 표현을 쓴다. 그런데 함께 일하는 원어민들은 이 표현을 쓰지 않는다. 먼저 그들과 일하고 있던 나에게 새로 온 미국인 동료가 업무가 완료된 것인지 확인을 요청한 적이 있다. 이렇게 상황에 맞게 배워야 할 수도 있다. 도쓰카 다카마사가 언급한 비즈니스 영어의 3가지 특징 중에서 두 번째 '기초가 확실하다'는 말이 있다. 당연히 아무 오류도 없는 것이 최고다. 그러나 기초를 확실하게 하려고 '노력하는 중'인 사람들도 일하고 있다는 것을 이야기하고 싶다. 용기 있게 도전한 이들이다.

많은 사람들이 영어를 배웠지만 자신 없어한다. 어떤 방법으로든 영어를 배웠다면, 영어를 사용할 수 있는 환경에 도전해보자. 처음에는 어색하고 생소할 것이다. 하지만, 자주 접하다 보면 금세 사라진다. 이 세상 모든 이가 시작 단계에서 어색함 혹은 생소함을 느낀다. 이는 자연스러운 것이다.

어디든 그곳에서만 자주 사용하는 어휘가 있다. 그것은 누구든지 들어

가서 배운다. 중요한 것은 빠르게 배우겠다는 의지와 열정이다. 될 때까지 도전하는 것이다. 먼저 이력서를 써라. 그리고 채용이 있는 곳에 넣어보아라. 첫 면접이 아쉬워도 괜찮다. 배움을 남기기를 바란다. 그리고 다시 한번 도전하기를 바란다. 그리고 한 번 더, 한 번 더. 그렇게 발전하면서 성공하기를 바란다.

영어를 사용하는 것에 대한 두려움을 깨라. 비즈니스 영어는 완벽해야 한다는 편견을 깨라.

08

실전이
최고의 연습이다

이직을 통해 또 한 번 성장했다. 환경이 사람에게 큰 영향을 미친다는 것을 분석가로 오면서 다시 느꼈다. 대화 주제부터 바뀌었다. 나는 인도 팀 소속이면서 한국에 베이스를 두고 있다. 인도 팀은 채팅 그룹에 있을 때 수학에 관련된 소소한 이야기들을 자주했다. 예를 들면 이런 것이다.

어느 날 동료 한명이 휴대폰 채팅 그룹에 "내가 재밌는 거 알려줄까?" 라고 했다. 나는 어떤 이야기를 할지 궁금했다. 유머 같은 것을 기대했다. 그런데 그것은 수학 문제 같은 것이었다.

"구구단의 9단을 외울 필요 없이 아는 방법은?"

풀이는 이렇다. 0에서 9를 수직으로 한번 쓰고 그 옆에 9부터 0까지 다시 한 번 수직으로 나열하면 9단이 완성된다는 것이다.

09

18

27

36

45

54

63

72

81

90

"누가 요즘 9단을 외우니?"라며 익살스런 이모티콘까지 더했다. 그룹에 있던 동료들은 그걸 보면서 너도나도 응용된 자신만의 구구단 풀이법을 내놓고 마치 유머를 읽은 것처럼 서로 즐거워했다. 그런데 나는 이 상황에 충격을 받았다. 이런 공식을 발견한 사실이 놀라웠다. 같은 소재의 이야기들이 매일 올라왔다. 그들에겐 늘 있는 일이었던 것이다.

처음에는 그 문제들을 풀 수 없었다. 다들 답변을 하는데 나만 매번 답을 못하는 것이 마음에 걸렸다. 언제부턴가 나도 누가 그런 문제를 올리면 참여를 하면서 필사적으로 한번이라도 풀어보려고 집중했다. 배우려고 노력했다. 노력이란 신기하다. 어느 날, 언젠가 보았던 문제의 패턴이 갑자기 보여 한두 문제를 풀게 되었다. 수와 가까워졌다. 누가 그런 글을 올리면 즐기고 같이 웃게 되었다.

본사의 시스템 및 업무 방식과 한국의 방식은 꽤 큰 차이가 있다는 것을 알게 되었다. 그 차이를 메우는 것이 나의 첫 임무 중 하나였다. 막 입사를 했을 때는 아는 부분이 많이 없었다. 직접 부딪치며 돌파구를 찾아보기로 했다. 우선 나라별 업무 매뉴얼부터 만들었다.

직접 처리 가능한 일들과 파트너와 함께하는 일. 이렇게 두 종류의 일이 있었다. 기본 요청은 클라이언트와 파트너의 대략적인 업무 시간에 대기하고 있다가 요청을 받는 즉시 매뉴얼을 보고 빠르게 처리했다. 파트너와 함께 일할 때는 그들 또한 신속하게 업무를 진행할 수 있도록 지속적으로 요청을 넣는 것도 잊지 않았다. 일을 처리하는 기본원리는 아래와 같다.

첫째, 지식 습득이다. 기본적인 교육 내용은 숙지하도록 자료가 주어진다. 나머지 내용은 개인의 역량만큼 습득할 수 있다. 나머지 내용을 얼마나 숙지하고 활용하느냐에 따라 업무 내용의 질이 달라진다.

둘째, 요청 파악이다. 직접적인 요청사항과 숨겨진 요청사항을 모두 파악하는 것이 중요하다. 그러려면 상황의 전후 맥락을 꼼꼼히 분석해야 한다. 일을 하면서 많은 요청과 질문과 처리 내용들을 보게 된다. 법인에게 할당된 한도를 확인해 달라는 요청을 받았으나 확인하는 이유가 카드 승인이 거절되어서라고 가정해보자. 그렇다면, 진짜 요청은 카드 승인이 되게 해결해달라는 것이다. 한도를 확인하고 싶어 하는 이유는 요청자가 승인이 되지 않은 이유를 한도 부족으로 추측했기 때문이다.

다른 이유로 승인이 되지 않았을 수도 있다. 한도 정보를 제공함과 동시에 왜 승인이 일어나지 않았는지, 어떻게 해야 하는지까지 알려주어야 요청 내용을 제대로 인식한 것이다. 요청을 받을 때는 요청 내용, 요청 이유 등 그 배경과 예상되는 추가 질문까지 고려해야 한다.

셋째, 기본 솔루션 제공이다. 답변에 대해서는 처음부터 '이렇게 하면 좋겠다.'라는 감이 오지는 않는다. 쉬운 내용부터 절차대로 하며 기본을 익힌다. 선별된 답변 예시들을 모방한다.

넷째, 중급 솔루션 제공이다. 어려운 요청 및 답변들을 여러 번 보고 분석하면 어느 순간 어떤 정보와 복합적인 질문이 만났을 때 '아, 이거다.'라는 답이 나온다. 핵심 정보를 포착한 것이다.

이때가 양적으로 받아들이던 정보가 질적으로 좋은 하나의 정보로 바낀 것이다. 요청 처리에 필요한 내용을 파악한다. 내게 있는 자료와 없는 자료를 파악함으로써 찾을 내용을 구체화한다. 관련 자료를 최대한 많이 수집한다. 처음에는 두서가 없어도 좋다. 그 안에서 해결 옵션들을 찾고 장점과 단점을 평가해본다. 이를 바탕으로 가장 최적화된 솔루션을 제공한다. 많이 받아들이고, 여러 번 보고, 분석하고, 깨닫고. 이 과정을 반복하면서 전체의 흐름을 보게 된다. 현장을 경험하면서 판단력이 길러진다. 그 판단으로 인해 더욱 양질의 답변들이 나온다.

이 과정을 반복하면서 '이렇게 하면 더 좋겠다.'라는 아이디어가 떠오르는 것을 경험한다. 이것이 다섯 번째, 고급 솔루션이다. 실전에서 몇 번이고 복습하다 보면 새로운 발견을 하게 된다. 나만이 가지고 있는 노하우가 생긴 것이다.

업무가 끝나는 시간 이후를 공부시간으로 정했다. 샘플 답변들을 시간되는 대로 읽었다. 간단하고 격식 있게 잘 정리된 답변이 있으면 따로 정리했다. 어려웠던 업무들은 따로 정리했다. 시간이 날 때마다 '어떻게 하면 더 잘 처리할 수 있었을까?'를 생각했다. 생각이 나면 그 내용을 이메일로 전달해놓았다. 용어들도 따로 정리했다. 새로 배우는 것들을 외웠다. 실전에서 배우는 지식들을 이해하는 데 도움이 많이 되었다.

실전에서 계속 배워 나갔다. 공부를 해도 모르는 것은 계속 나왔다. 그것도 중요한 상황에서. 잊지 못할 영어 단어가 세 개 있는데 그중에 하나를 소개한다. 그 단어는 바로 'Write Off' 이다. 연체료 감면 관련 문의들을 받곤 한다. 그때 사용되는 단어가 'Write Off'이다. 그래서 뜻이 '감면'이라는 것을 알고 있었다.

입사한 지 얼마 안 되었을 때, 손님이 오셨다. 그 미팅에 들어가게 되었다. 제일 처음으로 들어가서 둘이 앉아 있었다. 한국은 연체된 금액 전체를 며칠 째에 'Write Off'을 하느냐고 질문하셨다. 이해하지 못했다. 알고 있는 뜻을 대입하면 '연체가 일정 일수에 도달하면 그냥 그 돈을 안 받는다.'는 뜻이 되었다. 모르겠다는 대답을 하고 싶지 않았다. 그래서 잠시만 기다려달라고 말씀을 드리고 나왔다. 제일 가까이 계신 선배님께 여기서 'Write Off'이 무엇인지 여쭤보았다. '대손상각'이라고 알려주시고 가셨다.

모르는 단어였다. 검색을 하고 싶었지만 핸드폰은 미팅 룸에 놓고 왔다. 그때 마침 미팅에 함께 참여하시는 다른 분께서 오셔서 받지 못한 돈을 손실 처리하는 기준에 대해 말씀하셨다. 그때 그 단어의 뜻을 알게 되었다. 답은 '손실처리'였다. 이 단어는 '감면'일 수도 있고 '손실처리'일 수도 있는 것이었다. 하나의 단어가 관점에 따라 수동도 주동도 될 수 있다는 것을 새삼 느꼈다. 본론으로 돌아와서 손님께 답변을 잘 드렸다.

좋아하는 일일수록 잘해야 좋아하는 일을 선택한 행복을 지속할 수 있다는 것을 알기에 더욱 최선을 다했다. 매일 정보를 보고, 요청을 처리하고, 더 좋은 아이디어를 적었다. 문득 내 머릿속에서 기업과 관련한 일부분이 정리되었다는 사실을 깨달았다. 예를 들면 내가 관리하고 있는 시장, 기업의 구조, 거래, 자금 흐름, 관리, 위험 요인 등이 그것이다.

흐름이 보이기 시작했다. 그것을 다시 업무에 활용하기 시작했다. 기본적인 공부들을 계속 해나갔다. 실전에서 사용하고 다시 배우니 시너지는 계속 커졌다. 이 흐름을 보는 눈은 업무 중 가장 어려운 부분 중 하나인 '설득과 협상'을 할 때 도움이 되었다. 이를 통해 두 번의 서비스 상과 팀워크 상을 받았다. 실전이 최고의 연습이었다.

내가 하고 싶은 일을 모른다고 해서 미리 걱정할 필요가 없다. 모두가 실전에서 새롭게 시작하기 때문이다. 미리 겁먹고 아무것도 안 하기보다, 일단 와서 어떻게 잘할 것인지를 고민하라. 잘할 수 있는 방법은 이미 알려주었다. 실전이 최고의 연습이다.

CHOICE

작은 경험들을

연결하고

공감을 더하다

3장

01

강점과 약점은
어떻게 의미를 부여하느냐에 달렸다

『나는 하버드에서 인생을 배웠다』에서 무천강 저자는 인생의 본질을 불공평이라고 말한다. 불공평은 발전 단계마다 분포해 있다고 한다. 빌 게이츠 또한 세상은 원래 불공평하며 이에 익숙해지는 것이 우리가 할 수 있는 일이라고 말했다. 강점을 찾다 보면 오히려 이런 생각이 든다. 조금만 더 부자였어도 이런 약점은 없을 텐데. 조금만 더 건강했어도 이런 걱정은 하지 않을 텐데. 조금만 더 똑똑하면 좋을 텐데. '결핍'을 먼저 보게 되는 것이다. 불공평이라는 현실을 이해하지 못한다면 그저 원망하고 초조해 하면서 불공평함 속에서 계속 살아갈 수밖에 없다. 중요한 것은 나 자신의 현재 상황을 인정하고, 긍정적인 면을 선택하며, '결핍'이라는 약점에서 강점을 찾거나 끌어내는 것이다.

'가난'은 나에게 약점이었다. 달리기 시합을 하는데 나만 출발선이 다른 사람들보다 한참 뒤인 것 같았다. 집이 경제적으로 어렵다는 것을 일찍 깨달았다. 집을 압류하겠다는 소장을 보면서. 새벽달빛에 비친 아버지의 눈물을 보면서. 부모님이 마지막 희망으로 끊임없이 들으시는 다단계 인사의 강의를 같이 들으면서.

같은 반 친구들이 노량진으로 강남으로 입시공부를 위한 학원을 다니는 것을 보았다. 우리 집은 사정이 어려워서 학원에 다니기가 어려웠다. 학원에 가고 싶다는 말을 하지 않았다. 아무것도 하고 싶지 않았다. 하고 싶은 것이 생기면 상처였다. 옷을 사고 싶었지만 살 돈이 없었다. 부모님께는 죄송하지만 급식비로 옷을 사고 한 달을 굶은 적이 있다. 브랜드 양말을 하나 샀다. 기분이 썩 좋지 않았다. 원하는 것을 포기하는 편이 마음 편했다.

그런데 이 가난이라는 것은 잘 살아보고 싶다는 열정을 주었다. 가난을 벗어나고 싶은 마음의 동력이 되었다. 함께 어려움을 이기고 있는 가족을 지키고 싶다는 마음을 주었다. 그리고 돈에 대한 호기심을 주었다. 이 호기심은 나를 월스트리트 회사로 이끄는 계기가 되었다. '도전'이라는 가치를 알게 해주었다. 인생에서 가장 중요한 가치들을 가르쳐준 값진 경험이 되었다.

'가진 것이 없다'는 약점의 강점을 알게 되었다. '가진 것의 소중함'을 알게 되는 것이다. 나의 학업적인 첫 성취는 예비로 들어간 성결대학교에서 처음으로 학부 수석을 한 것이다. 부모님이 그 당시에 교통사고를 당하셨는데 처음으로 부모님을 잃을 수도 있다는 생각을 했다. 기쁨을 드리고 싶었다. 돈이 있어서 선물을 사드릴 수 있는 것도 아니었다. 부모님은 아르바이트보다 공부를 잘하는 것을 보고 싶어 하셨다. 내가 대학교 입시를 하면서 부모님께서도 적잖이 마음고생을 하셨기 때문이다.

학부 수석을 했고 처음으로 목표를 이뤘다. 다시 놓고 싶지 않은 기쁨이었다. 다시는 포기하는 삶을 살고 싶지 않아졌다. 점점 최선을 다하고 있는 자신을 발견했다. 그 사건은 나의 삶에 반전을 일으켰다. 가난과 포기. 이렇게 내가 사는 대로 생각하는 것 말고 더 중요한 무언가가 있다는 것을 알게 되었다.

내 삶 자체를 인정하지 않았다. 애초에 잘못 시작되었다고 생각했다. 이것이 없어서 저것이 없어서 내 삶은 잘될 수 없다고 생각했다. 삶을 새로 시작하지 않는 한 방법은 없다고 생각했다. 그런데 내 삶의 가장 중요한 것을 잃을 수도 있다고 생각한 순간 못할 것이 없었다. 나는 자신감이 없는 사람이었지만 그때만큼은 그런 생각도 들지 않았다. 부모님을 기쁘게 해드리겠다는 목표 하나였다. 목표를 선택했고, 오롯이 집중했다.

이 성취는 삶의 부스터가 되었다. 주동적인 삶이라고 하기에는 아직 많이 부족했지만 내 삶에 주어진 것을 내가 먼저 포기하는 일은 없게 되었다. 인생은 오늘이 제일 쉽다는 말이 있다. 내가 중국에 가서 다시 대학을 다닐 때는 또 다른 이유로 포기하고 싶은 순간들이 찾아왔다. 사람인지라 당연히 포기하고 싶은 마음은 계속 들었다. 하지만 대처는 달랐다. 해낼 수 있는 것은 '시간이 얼마가 걸리더라도 해내겠다.'는 마음가짐이 생겼다. 고통을 견디는 시간들이 '인내심을 기르는 시간'이 되어준 것이다. 할 수 없는 것은 어떻게 해낼지 다른 계획을 세우게 되었다. 시간을 쓰든 다른 방법을 쓰든 어떻게든 해낼 방법만 찾는 사람이 된 것이다.

'잘하는 것이 없다'는 약점의 강점을 알았다. 첫 학업 목표에 도전할 때, 사람들의 기대가 없었다. 도전하면서 스트레스를 생각보다 많이 받지 않았다. 전혀 없었다는 이야기는 아니다. 주변에 '1등하는 것을 당연하게 보는 눈'과 '그 당연한 것을 계속 지켜야하는 부담감'이 없다는 이야기다. 성적이 안 좋은 것이 일상이었기 때문에 잘 안될 확률을 인정하는 것은 쉬웠다. 도전도 부담 없이 시작했다. 공부를 못하는 사람의 강점이었다.

지금도 어떤 일을 할 때 '잘 안되어도 어쩔 수 없지.'라고 인정하고 시작하는 것은 나의 강점 중 하나다. 안 되더라도 작은 발전이라도 있다면 감사하다는 마음은 스트레스를 줄여줌과 동시에 내가 하는 일에 의미를 부여해준다. 처음에는 '안 되도 괜찮지만 할 수 있어.'라는 마음가짐으로 시작했다. 공부를 잘 몰랐지만 이 마음으로 두서가 없어도 일단 공부를 시작했다. 내가 월스트리트 회사에 도전할 수 있었던 이유도 같다. 안 되

더라도 괜찮으며, 최소 내 안의 작은 발전은 있을 것이라고 생각했기 때문이다.˚

강점을 발견한다는 것이 처음에는 쉽지 않았다. 내가 원하는 것을 표현한 지가 오래되었기 때문이었다. 주어진 것을 하고 되는대로 맞추고 잘못된 부분을 메우는 삶을 살아왔다. 삶을 돌아보기 시작했다. 나의 경험이 곧 나의 세계였다. 나의 경험 조각들을 모으기 시작했다. 그러자 옅게만 보였던 나의 강점들이 하나씩 모습을 드러내기 시작했다.

'할 수 있다'는 마음과 강점 찾기. 이를 이용해서 앞으로 나아가려고 노력했다. 느낀 것이 있었다. 인생은 호락호락 하지 않다는 것이다. 그래서 강점을 늘려야겠다는 생각을 하게 되었다. 장점도 장점처럼 쓰고 약점도 장점처럼 쓸 수 있는 방법이 있을까를 고민하게 된 것이다. 유연하게 사는 것에 대하여 생각하게 되었다. 쉽게 말하면, 좋은 쪽만 보기로 했다. 나의 모든 부분을 강점으로 보기로 했다. 모든 상황을 강점 혹은 강점으로 이끌어준 기회라고 생각하기로 했다. 최선을 다하기로 마음먹은 이후로 할 일이 많았다. 계획을 타이트하게 짰다. 공부를 하다가 문득 잠이 들어 뛰어나가야 할 때도 있었다. 화를 내는 대신 무엇을 할 수 있을까를 자문했다.

언제부턴가 그 시간을 체력 단련 시간이라고 생각하기 시작했다. 누군가는 이것을 일종의 정신 승리라고 생각할 수도 있겠다. 맞다. 체력이 약해서 이렇게 되었다고 생각하기보다, 다음 일정 시간이 얼마 남지 않아 불안하다고 생각하기보다, 이시간은 달리기로 체력을 단련하는 시간이라고 생각하는 것이 마음 편했다. 내가 나를 위로하지 않으면 누가 나를 위로해주겠는가. 너는 내가 평생 책임질 것이니 걱정 말라고, 괜찮다고 했다. 그저, 할 수 있는 최대한 다시 일정을 맞춰보자고 스스로를 격려했다. 그리고 실제로 운동도 많이 되었다.

중용이란 중간이 아닌 상황에 따른 최적의 행동을 하는 것이라고 했다. 언제나 계획대로 행동하고 여유 있다면, 너무 빠르거나 느리지 않고 순탄하다면 참 좋을 것이다. 그러나 삶은 항상 그런 상황을 허락하지는 않는다. 그때 내가 할 수 있는 것은 최적의 생각과 행동을 하는 것이었다.

'가난'이라는 약점에서 '하나님', '가족', '도전' 등의 귀한 가치를 알았다. 결과적으로 이것은 지금의 단단한 내가 있게 해준 강점이 되었다. '가진 것이 없다는 약점'의 강점은 '가진 것의 소중함'을 알게 된다는 것이다. '잘하는 것이 없다는 약점'의 강점은 안 될 확률을 비교적 순순히 받아들일 수 있는 자세에 있다.

약점들을 다각도로 보는 습관을 기르자. 무모함, 과함, 조급함, 두려움 등의 현재 생각하는 약점이 어디서 강점이 될 수 있는지 찾아보자. 그 약점으로 인해 생기는 강점은 무엇인지도 찾아보자. 나 자신만 설득이 되면 강점과 약점이라는 것은 유연하게 좋은 방향으로 사용될 수 있다.

처음부터 이렇게 하기는 어렵다면 작은 '할 수 있어'로 시작해보라. 작은 성공들이 모일 때 강점을 찾아보라. 강점들을 발견하면서 내 약점을 어떻게 강점으로 해석할 것인지 연구해보라. 나 자체가 강점이 된다.

강점과 약점은 어떻게 의미를 부여하느냐에 달렸다.

02

당연하다고 생각했지만
당연하지 않았던 것들

호아킴 데 포사다의 『바보 빅터』는 17년동안 바보로 살았던 멘사회장 빅터 로저스의 이야기다. 메를린 학교에서는 매년 7학년 학생을 대상으로 IQ테스트를 실시했다. 빅터를 저능아라고 생각했던 로널드 선생님은 결과값 173을 73으로 잘못 적었다. IQ결과가 학교에 퍼지면서 아이들은 빅터를 '바보 빅터'라고 불렀다. 무시와 놀림과 괴롭힘을 당했다.

빅터는 스스로를 바보라고 생각하기 시작한다. 자신을 믿지 못한다. 학교를 그만둔다. 우연히 옥외광고판의 문제를 풀면서 세계최고의 컴퓨터기업에 입사하게 된다. 하지만 거기서도 자신을 IQ로 놀렸던 학교 동창을 만나면서 어려움을 겪는다.

어느 날, 홀 웨이트리스로 일하던 빅터의 친구 로라가 우연히 그날 강사인 IQ 168의 잭 맥클레인을 만나게 된다. 잭으로부터 샌프란시스코 최고의 IQ는 자신이 아닌 IQ 173의 빅터 로저스라는 이야기를 듣게 된다. 학교에 가서 IQ평가표를 확인한 빅터는 17년 동안 세상이 붙여준 이름인 '바보'로만 살고 스스로를 믿지 못한 자신이야말로 진짜 바보라고 한다.

빅터 로저스는 사람들이 그렇게 불렀기 때문에 당연히 자신이 '바보'라고 생각했다. 아무리 '재능'이 뛰어나도 자신으로 살겠다는 '의지'가 없으면 사는 대로 생각하게 된다. 사람들은 당신을 뭐라고 부르는가? 당신을 어떻게 생각하는가? 당신은 그것에 동의하는가? 당연하다고 생각했지만 당연하지 않았던 3가지 경험을 나누며 함께 사색하고자 한다.

첫째, 어렸을 때 '현재 보이는 모습 그대로 계속 사는 것'이 당연하다고 생각했었다. 사는 대로 생각했다. 우리 집은 빚 보증과 슈퍼 사업 실패로 경제 사정이 어려웠다. 돈을 아끼기 위해 역곡역에서부터 원종사거리 근처에 있는 집까지 걸어가곤 했다. 시간은 소비하는 것이 당연하다고 생각했다. 텔레비전도 보고 인터넷도 하고. 잠이 오면 잠도 자면서 말이다.

어느 날, 이게 정말 당연한 건지 자문했다. 못사는 사람이 평생 못사는 것이 당연한 건지, 할 수 있는 일은 없는지 말이다. 어떻게 헤쳐나가야 할지 진지하게 생각하기 시작했다. 시간을 사용해 부자가 되었다는 이야기를 담은 책을 읽었다. 돈은 다르게 주어지지만 시간은 모두에게 똑같이 24시간으로 주어진다. 그것을 사용해서 인생을 바꾸는 사람들이 있다는 것을 알게 되었다. 그 사람들은 어떤 것을 이루기 위해 처음에는 굉장히 오랜 시간을 들이지만 나중에는 일대일로 사용하거나 더 적게 사용하게 되었다. '시간의 레버리지'라는 개념 또한 알게 되었다. 최소한의 시간을 넣어서 최대의 효과를 내는 것이다.

둘째, 실패를 하면 포기하는 것이 당연한 줄 알았다. 어렸을 때 빚보증과 슈퍼 사업 실패로 우리 집은 빚더미에 앉았다. 재산 압류 절차가 진행 중이었다. 우리 집은 끝났다고 생각했다. 연일 독촉장과 집을 압류하겠다는 통지서가 날아왔다.

아버지는 포기하지 않으셨다. 신용보증기금을 먼저 찾아가 자신이 신용불량자가 되는 대신 얼마씩이라도 갚게 해달라고 부탁하셨다. 담당자는 처음에는 안 된다고 했다. 자신도 업무를 하는 중이고 받은 지시사항이 있기 때문이었다. 아버지께서 계속 찾아가자 결국에는 돈을 갚을 수 있도록 은행을 연계해주셨다. 없던 방법이 생긴 것이다. 아버지께서 노력하시는 모습과 하나씩 해결하시는 모습이 신용보증기금의 담당자님을 감동시키지 않았을까 한다. 그분도 당장 아버지가 할 수 있는 일은 없다는 것을 아셨을 것이다. 재산을 압류하는 것이 조금이라도 더 빨리 많이 받을 수 있는 방법이라는 것도 말이다.

해보려고 하는 태도는 사람을 감동시킨다. 그때 깨달았다. 해보려는 태도가 중요하다는 것을. 실패를 한다 해도 거기서부터 다시 시작할 수 있다는 것을. 그리고 길이 없어 보여도 열심히 찾으면 나온다는 것을. 정성으로 하면 누군가가 도와줄 수도 있다는 것을. 하늘은 스스로 돕는자를 돕는다는 것을.

아버지는 어디를 가도 기회가 보이면 아주 작은 시도라도 하셨다. 기억에 남는 일화가 있다. 우리 집이 경매에 넘어가게 될 것이라는 법원 소장을 받은 상태였다. 백방으로 방법을 알아보셨지만 딱히 방법이 없었다. 우리는 모두 기도했다.

며칠 뒤 아버지는 우연히 같은 아파트에 사시는 주민 분을 따라 동네 사거리에 새로 생긴 경마장에 가시게 된다. 1,000원을 제일 가능성이 없는 말에 베팅하셨다. 그날 기적이 일어났다. 그 말은 1등을 했고 아버지가 걸었던 1,000원은 198만 4,700원이 되었다. 경매공소를 막을 수 있는 금액이었다. 기적처럼 며칠 뒤에 있을 압류를 막을 수 있었다.

내가 끝났다고 생각하는 그때가 진짜 끝이 아닐 수도 있다는 것을 알게 되었다. 길이 없어 보여도 계속 찾고 두드리면 길이 나온다는 것, 길이 정말로 보이지 않을 때 하늘이 돕기도 한다는 것, 정말 아무도 도와줄 수 없을 때에도 하나님이 계시다는 것을 알게 되었다. 아버지는 카드들로 내야 할 돈들을 돌려가며 내서 최대한 흐름이 막히지 않게 하셨다. 조금이라도 돈이 생기면 갚으려고 노력하셨다. 돈을 더 벌수 있는 방법으로 해외 주재원을 적극적으로 신청하셨다.

그렇게 회사에서 주재를 나가셨다. 그리고 우연히 배우게 된 주식이 잘되어 빚을 많이 갚았다. 그때 또 깨달았다. 인생은 한판승부가 아니다. 여러 판 승부다. 한번 실패했다고 해서 그 다음판도 실패할 거라고 단정할 필요는 없다. 정말로 경계해야 하는 것은 실패를 했을 때 스스로를 실패자라고 낙인 찍는 것이다.

셋째, 일상에서 우리가 흔히 하는 것들이 돈이 되거나 꿈을 현실계획으로 바꾸는 조력자가 될 수도 있다는 생각을 하지 못했다. '검색'을 '정보가 돈이 되는 기술'이라고 부른다. 승무원 동료 중에 검색을 잘하는 친구가 있다. 그 친구는 어떤 물건을 사든 나보다 훨씬 싸게 샀다. 그래서 호기심이 생겼다.

나는 네이버나 최저가 검색 사이트를 통해 가장 싸게 파는 것을 찾았다. 그런데 그 친구는 달랐다. 인터넷상에는 하루 종일 검색을 해서 시간세일이나 특가 같은 구매 정보를 올리는 프로들이 있다. 그 친구는 그 프로들이 모여 있는 집단을 검색해서 갔다. 많은 프로들이 여러 방면으로 검색해서 하루 종일 올리기 때문에 내가 사는 물건은 거기 다 있었다. 내가 최저가라고 산 물건을 그 친구는 그것보다 훨씬 싸게 사는 것이었다. 쓰고 있는 바디버터를 시중에서 32,000원에 팔 때 6,900원에 인터넷특가로 사서 기뻐하고 있었다. 그런데 그 친구가 알려준 곳에 가니 3통에 1,000원에 나와 있었다. 그때 '검색'을 할 때도 더 좋은 방법이 있다는 것을 알게 되었다.

후에 월스트리트 회사를 찾을 때, 그리고 그곳에 가고 싶어서 나와 접점이 있는지 디테일을 찾을 때, 이해가 되지 않거나 모르는 부분들을 연결할 때 전부 검색했지만 '전문가 혹은 면접을 본 사람들의 흔적'에 우선순위를 두었다. 예를 들면 이런 것이다. 서비스 분야에서 금융권으로 이직을 한 사례가 있는지 검색을 했다. 나는 그때부터 '키워드 꼬리 물기'라는 검색법을 시도했다. 글을 읽다가 마음에 드는 키워드가 나오면 그것으로 검색해서 더욱 깊게 주제를 타고 들어가는 것이다.

'승무원'과 '금융서비스'라는 키워드로 검색을 시작했다. 연관검색어에 '호텔리어', '금융서비스'가 보였다. 호텔리어들은 여행업종으로의 이직을 했다는 이야기도 있고 금융권으로 갔다는 사례가 있었다. 나는 호텔리어가 금융권으로 간 것에 영감을 받았다. 여기서 힌트를 얻어 '호텔-금융권'에 대해 '키워드 꼬리물기' 검색을 진행했다. 온라인 커뮤니티가 있는지 등의 더 디테일한 부분을 체크했다. 학교 커뮤니티와 온라인 저널에서 호텔리어에서 금융권으로 이직한 분들의 사례를 볼 수 있었다. 어느 회사인지 체크했다. 호텔리어와 금융서비스의 유사점을 체크했다. 그리고 그 유사점을 바탕으로 어느 회사가 비슷하게 채용을 할지 추측해보았다. 채용경로에 대한 이해가 커질수록 확신도 커졌다.

다시 한번 묻겠다. 사람들은 당신을 뭐라고 부르는가? 당신을 어떻게 생각하는가? 당신은 그것에 동의하는가? 이 책의 여백에 '~라고 부르는 것은 당연하지 않다.' 또는 '~하는 것은 당연하지 않다.'라고 쓰고 '~' 부분에 당신에 대한 모든 원치 않는 호칭, 생각, 처우, 상황 등을 써보자. 적으면 생각하는 것보다 정확하게 인식된다.

인식하는 순간 무언가가 달라짐을 느낄 것이다. 그것들이 당연하지 않은 이유에 대해서 생각하게 될 것이다. 그리고 알게 될 것이다. 그것들이 당연하다고 생각했지만 그렇지 않다는 것을. 생각을 바꾸는 순간 모든 것이 달라질 수 있다는 것을 말이다.

당연해 보이지만 당연하지 않은 것들이 주는 메시지는 하나다. 삶을 주동적으로 살 수도 있고, 본인의 의지 없이 주어진 환경대로 살 수도 있다는 것이다. 아주 당연하게 느끼는 삶의 패턴이 있는가? 당연하게 생각하는 것들에 스스로 원하는 정의를 내리는 순간 삶은 새로워진다. 사는 대로 생각하던 삶을 내 생각대로 살기로 결정하는 순간, TV를 보며 되는 대로 소비하던 시간을 삶을 바꾸는 데 투자하기로 결정하는 순간, 실패했다고 꼭 포기할 필요는 없다는 것을 깨닫는 순간, 이전의 삶은 죽는다. 새 삶이 시작된다.

03

실수가 배움의
계기가 된 순간들

실수와 실패는 어떻게 다를까? 실수는 어떤 일을 성취하는 과정에서 일어나는 것이다. 잘못을 저지른 것이다. 더 노력하고 심사숙고하면 예방할 수 있는 것이다. 그리고 실패는 목표를 이루지 못한 것이다. 실패의 원인은 노력 부족, 잘못된 방법도 있지만 천운일 때도 있다. 실수를 줄임으로써 성공에 가까워진다. 실수가 배움의 계기가 된 순간들이 있다. 그중 5가지를 나누어보려고 한다.

첫 번째, 안 될 것 같아도 도전하게 된 계기이다. 중국에서 학교를 다닐 때 집으로 가는 지름길이 있었다. 그 지름길에는 작은 천이 하나 있었다. 그리고 천을 건널 수 있는 중국 전통 아치모양의 돌다리가 놓여 있었다. 그 다리는 내가 보기엔 너무 높고 경사가 컸다. 높이가 3-4m는 되어 보였다. 경사도 70도는 족히 되어 보였다. 비정상이었다. 당시 타고 다니던 전기 자전거를 가지고는 절대 그 다리를 건널 수 없겠다고 생각했다. 그래서 항상 그 길이 아닌 더 돌아가는 길을 택했다.

어느 날, 수업 쉬는 시간에 집에 다녀와야 하는 일이 생겼다. 나는 그 다리 쪽을 지나다가 잠시 멈췄다. '이 다리를 건너가면 훨씬 빠를 텐데.'라고 생각했다. 다시 길을 나서려고 하는데 아치 반대편에서 소리가 들렸다. 나는 무슨 소리인지 궁금해서 지켜보기로 했다. 다리의 꼭대기 쪽에 뭔가가 보이기 시작했다. 사람의 머리카락이었다. 이내 얼굴도 보이고 나중에는 상반신도 나타났다. 매우 놀랐다. 왜냐하면 그 사람은 내 것의 두 배는 되어 보이는 전동차를 끌고 다리를 건너오고 있었기 때문이다.

건널 수 없다고 생각했던 다리였다. 꽤 오랫동안이나 돌아갔던 이 다리를 그 사람은 매우 익숙하다는 듯이 건너오고 있었다. 다 내려와서 유유히 내 옆을 지나쳤다.

충격이었다. 그 다리는 건널 수 없는 다리가 아니라 내가 건널 수 없다고 정한 것이었다. 문제는 내 마음속의 한계였던 것이다. 나는 그날 용기를 내어 그 다리를 건넜다. 그리고 졸업 때까지 그 다리를 건너면서 다녔다. 나는 지레짐작을 했다. 그래서 아예 건널 시도조차 하지 않았다. 그리고 이 돌다리를 통해 큰 깨달음을 얻었다. 아무리 높아 보이는 목표도 도전하고 넘을 수 있다는 것을.

두 번째, 시도는 도전과는 다르다는 것을 알게 된 계기이다. 항공운항과의 면접을 볼 때 나는 준비를 하지 않았다. 어떻게 준비를 해야 할지 몰랐다. 하지만 시도를 했다는 이유로 나를 실패자라고 규정했다. 나는 승무원은 될 수 없다고 확신했다.

10년 뒤, 카타르 오픈데이에 갔다. 정말 가벼운 마음이었다. 그냥 친구 따라 호기심 반으로 간 것이다. 그런데 가보니 예상외로 너무 좋았다. 후회가 밀려왔다. 기회가 왔는데 준비를 못한 것이다. 지원 동기를 들려드릴 때 면접관님의 실망하는 표정을 보았다. 물론 나는 전체적으로 준비가 안 되었었다. 하지만 할 수 있는 기본도 준비하지 않았다는 사실이 부끄러워졌다. 이때부터 준비를 전제로 하는 도전이 시작 되었다.

캐세이퍼시픽 면접 때는 온라인으로 커버레터에 지원 동기를 써서 냈다. 그리고 그 내용을 외워서 면접장에 갔다. 그런데 이미지 스크리닝에서 떨어졌다. 말할 기회가 없었다. 에어 차이나 때는 외모에 신경을 썼다. 회를 거듭할수록 지원 동기도 잘 말했다. 이력서 답변도 잘했다. 그런데 승무원이 어떤 직업인지를 몰랐다. 그룹토의에서 모두에게 반대 의견을 냈다. 최종 탈락했을 때는 화가 났다. 그런데 이유를 알고 나니 부끄러워졌다.

항공운항과 면접과 카타르 오픈데이에 준비 없이 갔다. 같은 시도지만 다른 점은 카타르 오픈데이 후에는 실수를 돌아보고 보완했다는 것이다. 그 뒤로는 도전이었다. 캐세이퍼시픽 항공과 에어차이나 면접 때도 준비 부족으로 계속 고전하였다. 부족한 부분을 보완해서 그다음 면접에는 실수를 하지 않도록 유의했다.

세 번째, 미리 대비하는 습관이 생기게 된 계기이다. 승무원 시절, 하루는 한 동기가 한국비행을 마치고 마카오로 돌아왔다. 그리고 그 비행에서 웃지 못할 일이 있었다고 했다. 상황은 이러했다. 그날따라 담요를 요청하는 승객들이 많았다. 모든 승객께 드리지 못했다. 식사 정리를 마치고 갤리로 들어왔다. 얼마 안 있어 어떤 소리가 들렸다. 그래서 나갔더니 몇몇 승객이 구명조끼를 꺼내고 있었다는 것이다. 다행히 잘 해결되었다고 했다.

동기를 격려해주고 그 이야기는 더 이상 생각하지 않고 있었다. 그런데 얼마 지나지 않아 그 웃지 못할 일이 나에게도 일어났다. 그 당시 한국 비행은 새벽 1시쯤 출발해서 5시쯤 도착했었다. 그날따라 담요가 부족했다. 기내온도는 이미 최고였고, 승객들은 춥다고 하셨다. 구명조끼든 보트든 꺼내서 덮어야 한다고 하셨다. 혹시 받아놓고 쓰지 않는 담요가 있는지 찾아 다녔다. 다행히 담요를 구해서 필요하신 분들께 드렸다. 드신다고 하는 분들께 차도 드리고 라면도 드렸다. 몇 분은 라면과 맥주를 드셨다. 몸이 더운지 드린 담요도 덮지 않고 주무셨다.

그 뒤로 한국 비행을 할 때는 혹시 담요를 더 실을 수 있는지 매번 물어보고 받을 수 있으면 받았다. 승객들이 탑승한 후에는 담요를 받고 안 쓰시는 분들을 수시로 확인했다. 미리 대비하는 습관이 생겼다. 그리고 경험담을 들으면 나만의 대비책을 세워보는 습관이 생겼다.

네 번째, 보이지 않는 부분까지 배려하는 서비스를 배운 계기이다. 비행을 시작한 지 얼마 되지 않았을 때다. 이코노미 클래스에서 근무하고 있었다. 이코노미 클래스가 그날따라 많이 바빠서 비즈니스 클래스에 있던 선배와 교체가 되었다.

사무장님의 지시에 따라 비즈니스 클래스 옷장 안쪽을 정리했다. 그리고 옷장 문을 닫으려고 했다. 그런데 잘 안 닫히는 것이었다. 힘을 좀 주어서 닫아야겠다고 생각했다. 옷장 문을 미는데 하필이면 그때 비행기 기체가 옷장 문 닫는 방향으로 기울어졌다. 옷장문은 내가 미는 힘에 기체가 기운 힘까지 더해졌다. 그야말로 펀치기계를 때린 것처럼 엄청난 소리를 내며 옷장 문이 닫혔다.

순간 온몸이 굳었다. 비즈니스 승객들이 놀라신 것 같았다. 바로 승객들께 사과를 드렸다. 사무장님이 부르셨다. 크게 혼날 것 같아 겁을 먹었다. 하지만, 혼나지 않았다. 사무장님은 조용한 목소리로 한 가지 질문을 하셨다. 방금 그 소리가 승객들에게 어떤 영향을 미쳤을 것 같은지 말이다. 놀라셨을 것이라고 했다. 그러자 사무장님은 하나가 더 있다고 하셨다. 그것은 바로 그분들이 하고 있었을 '생각의 흐름을 끊은 것'이라는 것이었다. 보이지 않는 부분까지 배려하는 것이 진짜 서비스라고 하셨다. 멋있었다. 그 후로 행동에 대한 보이는 결과만이 아닌 '보이지 않는 부분'들이 무엇인지에 대해 생각하게 되었다. 상대의 입장에서 더 깊이 생각하게 되었다. 머릿속 그림을 그려보게 되었다.

마지막에는 조금 무거운 이야기를 실어보려고 한다. 우리가 영원히 살지 않는다는 것을 깨닫게 된 계기다. 나에게는 먼저 세상을 떠난 두 명의 친구가 있다. 한 친구는 나와 동갑이고 한 친구는 나보다 어리다.

동갑인 친구는 어려서부터 유독 나를 잘 챙겨주었다. 자주 만난 건 아니지만 가끔 불쑥 와서 선물을 주고 놀다 가곤 했다. 그 친구는 연락 좀 자주 하라고 했지만 나는 항상 바빴다. 내가 중국에서 대학교를 다닐 때 그 친구는 내가 보고 싶다고 했다. 이번 방학 때 한국에 오면 꼭 보고 싶다고 했다. 그런데 그때 상황이 마음대로 되지 않아 여유가 없었다. 그래서 한국에 갔다가 볼 일을 보고 그냥 들어왔다. 그 친구에게 미안하다고 메신저로 글을 남겼다. 그 친구는 괜찮다고 했다. 그리고 나는 그 친구를 다시는 볼 수 없었다. 그 친구는 먼저 하늘나라로 갔다.

나보다 어린친구는 참 열심히 사는 친구였다. 중국에서 같이 대학을 다녔다. 도중에 어머니가 돌아가시고 학교를 그만두었지만 끊임없이 길을 찾는 도전적인 친구였다. 어느 날 그 친구는 나에게 지쳤다고 했다.

삶을 그만 내려놓고 싶다고 이야기했다. 나는 예전 친구가 생각나서 바로 그 친구를 만나러 갔다. 위로를 했다. 그 친구는 괜찮아진 것 같았다. 몇몇 하고 싶은 것에 도전하고 있다는 이야기를 전해 왔다. 나는 안심을 했다. 그런데 얼마 뒤에 그 친구가 하늘나라에 갔다는 소식을 또 다른 친구인 그녀의 언니를 통해 들었다. 좀 더 함께 있어주고 어떻게 할지 함께 고민했으면 어땠을까 아직도 가끔 생각한다.

이들을 통해 삶의 유한함을 느꼈다. 살아 있는 동안 '나'로 살고, 원하는 일에 마음껏 도전해야겠다는 마음을 재확인했다. 또한, 이 두 친구를 계기로 주변을 돌아보게 되었다. 아무리 바빠도 사랑하는 사람과의 시간은 사수하게 되었다. 보고 싶어 하기보다 바로 만나기로 했다. 만나고 위로하고 또 동기부여를 해주고 싶어졌다. 힘들 때 일어설 수 있도록 현실적인 도움을 주는 사람이 되고 싶어졌다. 어떤 것들이 기회인지 함께 고민하고, 인식을 바꾸고, 더 나은 삶을 살 수 있도록 돕고 싶다.

실수들을 통해 '깨달음'이라는 보석을 얻었다. 시도와 도전의 차이를 알았고, 안될 것 같아도 도전하는 용기를 갖게 되었다. 미리 대비하는 습관이 생겼고, 보이지 않는 부분들을 고려하게 되었다. 삶이 유한하다는 것을 깨달았고, '나'로 삶과 동시에 주변을 돌아보게 되었다. 이 책을 읽고 있는 당신 또한 실수들을 통해 자신에게 필요한 깨달음을 얻고, 원하는 목표에 도달하고, 사랑하는 사람들과 함께하길 바란다.

인생은 '병행'이다. 그래서 버겁고 흔들려도 모든 것을 포함한 당신의 그 삶은 밝게 빛나고 있다. 어느 한쪽으로 치우치면 주변의 누군가가 어떤 사인을 통해서든지 조금 멀리 왔다고 알려준다. 그때 그 사인을 꼭 잡을 수 있도록 항상 의식하기를 바란다. 실수를 기회의 씨앗으로 삼아 균형 있게 앞으로 멋지게 나가기를 바란다. 당신을 응원한다.

04

실패했을 때
거기서 오는 깨달음을 잡아라

협상에는 '아웃사이드 옵션(Outside Option)'이라는 개념이 있다. 협상이 결렬되었을 때 확보할 수 있는 대안을 말한다. 일을 하면서 파트너와 종종 협상을 한다. 고객인 법인은 기업 고유의 방식으로 전 세계를 관리하려 하고, 각 나라는 자신만의 고유한 관리방식을 고수하고 있다.

협상은 이 갭을 메우고 서로가 상생하기 위해 이루어진다. 쌍방에게 이득이 된다면 제일 좋을 것이다. 그러나 비용이나 희생이 한쪽에 발생하는 경우도 있어 결렬이 되기도 한다. 이것을 면접에 대입해서 설명을 해보겠다. 면접도 일종의 협상이다. 불합격은 협상이 결렬된 것이다. 그때는 내가 얻을 수 있는 것을 생각해야 한다. 면접에 불합격 했을 때 면접과정이 어떻게 이루어지는지 혹은 분위기가 어떤지 배우기만 해도 괜찮다고 생각했다. 합격되는 것이 가장 좋지만 아니라고 해도 정보를 얻는 것으로 생각하기로 했다. 설명을 위해 예를 들었지만 나는 나에게 오는 모든 일에 실패할 때 이 방법을 쓴다. 쉽게 이야기하면 실패는 보내고 배움은 남긴다.

승무원 시험을 볼 때 실패의 감정은 흘려보내고 무엇을 배워야하는지 알아내려고 노력했다. 카타르 오픈데이에 10년전 승무원학과에 지원할 때보다 영어를 조금 배웠다는 것 빼고는 똑같은 모습으로 면접장에 갔다. 전체적으로 준비가 되지 않았다. 외모가 준비되지 않았다는 점, 면접에 임할 자세가 되지 않았다는 점, 답변 내용이 부실했다는 점 등을 실패요인으로 꼽았다. 보완점을 깨달았을 때, 바로 해결점을 찾아 적용했다. 화장을 열심히 했고, 답변을 할 수 있는 최대한 준비했다. 잘해보고 싶다는 마음을 가지고 캐세이퍼시픽항공 어세스먼트 데이에 갔다. 그곳에서 한마디도 하지 못하고 나왔다. 옆에 계셨던 분의 피드백을 통해 화장이 하나도 남지 않았다는 것을 깨달았다.

에어차이나 면접에 갈 때는 화장이 계속 지속될 수 있도록 메이크업 전문 숍에서 화장을 받고 갔다. 답변들도 준비해서 갔다. 꽤 호응이 좋았다. 답변 자세도 준비를 해서 정성으로 대답했다. 그런데 떨어졌다. 떨어진 이유에 대해 합격 답변들을 보면서 알 때까지 연구했다.

답변들이 다들 의견을 지지하는 형식으로 이루어진다는 것을 알게 되었다. 아울러 승무원에 대한 기본 소개를 읽으면서 기본을 놓쳤다는 사실을 깨달았다. 승무원은 기본적으로 고객 지향적인 직업인데 그것을 이해하지 못했으면서 알고 있다고 착각한 것이다.

에어마카오에 응시할 때는 항공 산업 전반, 승무원직에 대한 기본적인 개념들과 다른 직무들과의 연결성, 업무내용, 용어, 면접 답변들을 준비해갔다. 외모는 회사의 이미지와 매우 유사하게 하고 갔다. 내가 이 회사를 좋아한다는 점 또한 강력하게 어필했다.

에어마카오 면접을 볼 당시 싱가포르항공의 면접도 같이 보고 있었다. 싱가포르항공은 에어마카오보다 뒤에 진행되었는데 1차 면접에 합격한 상태였다. 에어마카오를 합격한 후 꿈을 이루었다고 생각했다. 싱가포르항공 면접을 더 이상 준비하지 않았다. 싱가포르항공은 가족이 사는 모든 곳에 '레이오버'하지 않았다. 장거리 비행이 많아서 내 체력으로는 감당하지 못할 것이라고 생각했다. 또한 나이가 많은 사람은 비자가 안 나올 수도 있다는 소문이 돌 때였다. 한 곳에 합격하니, 아이러니하게도 창피해지기가 싫어진 것이다. 내가 먼저 마음을 돌리는 것이 열심히 해서 떨어지는 것보다 덜 창피할 것이라고 생각했던 것 같다.

내가 나의 미래를 판단하고 멈추었다. 그런데 나중에 '그때 계속 준비를 해보았으면 어땠을까?'라는 생각을 하게 되었다. 주어진 것에 최선을 다하지 않았다는 후회가 들었다. 가장 후회가 되는 것은 실패한 것이 아니다. 최선을 다하지 않은 것이다.

그래서 분석가를 지원할 때는 떨어져도 최선을 다하겠다는 마음이 있었다. 딱 한 자리. 면접은 다섯 번. 일본, 인도, 미국, 중국, 한국. 한 번만 실수해도 끝이었다. 영어를 못 알아들어서 답변을 하지 못한다면 그보다 더 창피한 일은 없을 것 같았다. 그로 인해 떨어진다면 또 며칠 몇 달을 자괴감과 고통 속에 보내게 될 것이라는 두려움이 몰려왔다.

서비스 경력 조건이 3년이라 맞기는 했지만 나머지는 자신 없었다. 조건이 관련 분야 경력 3년 또는 서비스 경력 3년 이상이었다. 왠지 스펙 좋은 사람들이 많이 지원할 것 같고, 나라도 관련 분야 경력자가 오면 그 사람을 뽑을 것 같았다. 지금 생각해보면 나는 관련 분야가 어디인지도 잘 이해하지 못했지만 말이다. 이때, 싱가포르항공 때의 후회를 상기시켰다.

'판단은 나의 것이 아니다.'

최선을 다하는 이상 떨어진다 해도 나의 세상은 더 커질 것이다. 그 경험은 절대 시간 낭비가 아니다. 분명히 나에게 몇 갑절의 복으로 돌아올 것이라고 되뇌었다. 『1년만 미쳐라』에서 강상구 저자의 '기회는 뒷머리가 없다.'라는 문구가 떠올랐다. 지인이 예전에 그리스에 갔다가 동상 앞에 기회가 어떻게 생겼는지 설명하는 문구가 있다고 했던 것도 떠올랐다. 뒷머리가 없어서 지나가고 나면 다시는 붙잡을 수 없다고 했다. 발에 날개가 있어서 최대한 빨리 사라진다고 했다. 기회를 잡기로 결심했다.

매번의 도전은 무겁고 두렵게 느껴진다. 기회가 다가올 때마다 내가 가장 신경 쓰는 것은 초점이다. 이미 이룬 내 모습에 초점을 맞추며 도전을 시작한다. 깨달음은 나의 실패에서만 얻을 수 있는 것이 아니다. 학원에서 승무원 면접을 할 때 기억에 남는 지망생이 있었다. 그 지망생은 답변이 수려했고 마치 기계가 말하는 것 같이 막힘이 하나도 없었다. 면접 전문가 같았다. 면접관님들도 그분을 잘 아시는 듯했다. 답변을 하고 있는데 "그만, 더 들을 필요 없어요."라고 하셨다. 그분은 그 학원의 장수생이었던 것이다. 외모도 예뻤다. '저분이 장수생이라고? 왜 안 된 걸까?'라는 궁금증이 생겼다. 그분을 계속 의식하게 되었다. 나는 몇 가지 특징을 발견했다.

첫째, 답변에 감정이 없다. 감정은 상대의 마음을 움직이는 핵심인데 그것을 인지하지 못하고 있다는 생각이 들었다. 너무 절박해서 위축되어 보였다. 두 번째, 합격에서 초점을 놓친 것 같았다. '원래의 목표'가 아닌 '아직 목표를 놓지 않은 나'에 집중하고 있는 것이다. 현재의 나에 초점을 맞춘다는 것은 아직 이루지 않은 현재 상태, 즉 실패에 초점을 맞춘 것이다. 목표를 성취한 모습에 초점을 맞추는 것은 기본 중의 기본이다.

오래 준비를 하다 보면 많은 사람들이 흔히 목표에서 초점을 놓친다. 주변에 있는 부정적인 것들, 안 되는 이유들이 또렷이 그리고 더 많이 보이기 시작한다. 안 된다는 결론으로 초점이 옮겨 가다가 고정되기 시작한다. 그러다가 그만 두는 것이다. 합격자 발표를 기다리면서 그분은 자기의 나이가 이젠 너무 많다고 했다. 다른 면접자들과 이야기하다 그 장수생의 나이 이야기가 나왔는데 28세였다. 나는 당시 29세였다.

그분을 보면서 3가지를 결심했다. 첫째, 내가 잘될 수밖에 없는 요소만 생각하기로 했다. 둘째, 상대방과 느낌으로 소통하기로 했다. 사람은 언어 이전에 느낌으로 소통한다. 셋째, 나는 이미 입사한 신입 사원으로서 답변하겠다. 면접장에 빨간색에 금테를 두른 원피스를 입고 가야겠다는 생각이 든 이유가 이 세 번째 결심 때문이다. 그 옷이 내가 찾은 것 중 당시 에어마카오의 유니폼과 가장 비슷했다. 그 옷을 입고 마음속에서는 이미 신입 승무원으로 면접장에 간 것이다.

'시도해보지 않고는 누구도 자신이 얼마만큼 해낼 수 있는지 알지 못한다.'

블릴리우스 시루스가 한 말이다. 시도를 해보려고 할 때 그 마음의 불편함이 성공을 하지 못한다는 징조가 아닐까 걱정하는 사람들이 많다.

아니다. 그 불편함이야말로 성공의 징조다. 목표를 위해 변화하고 있다는 뜻이다. 안주하는 마음 환경에서 벗어난 것이다. 처음부터 안 될 것 같다는 생각이 들면 그 가능성을 인정하자. '흠, 그래. 안 되면 어쩔 수 없지.'라고 말이다. 그러면 마음이 조금 놓아진다. 그때 덧붙이는 것이다. 잘 안되더라도 한번 해보겠다고 말이다. 이렇게 해서 시도를 해야 목표가 유효해진다. 실패를 할 자격이 생긴다.

이렇게 귀하게 얻은 실패에서 '가장 가치 있는 것'을 찾아 내야 한다. 그것은 '깨달음'이다. 깨달음은 실패 속에 숨겨진 보물이다. 이 보물 속 숨겨진 내용은 나만이 해석할 수 있다. 실패를 했을 때 거기서 오는 깨달음을 잡아라. 내가 알아야 할 세부 내용과 올바른 방향을 알려준다. 깨달음이 있는 실패는 할수록 가치가 높아진다. 어느 순간 성공의 감이 오는 자신을 발견할 것이다. 실패가 그대를 성공으로 인도할 것이다.

05

나의 경험이
곧 나의 세계다

'신은 회초리가 아니라 시간으로 인간을 단련시킨다.'

발타자르 그라시안의 명언이다. 우리는 각자의 길에서 단련되고 있다.

필자 또한 주어진 길을 인내 하면서 '질문'이라는 것을 시작했다. 면접
답변의 대다수는 평소에 질문을 통해 답을 얻은 것들이었다. 그 질문은
나에게 한 것도 있고 다른 사람에게 한 것도 있다. 그 답을 찾아나갈수록
현재의 나와 내가 원하는 나는 가까워졌다. 첫 번째 질문은 이것이었다.

'열심히 사는데 왜 가난할까?'

아버지는 시골 출신 직업 군인이셨다. 대학교는 군인 생활을 하시면서 스스로 나오셨다고 한다. 더 큰 세상을 보고 싶으셨기 때문이다. 첫째인 내가 태어나고 나서 공군 중사로 전역을 하셨다. 13개월가량을 무직인 상태로 엄마와 나와 지내셨다고 한다. 삼성항공, 대한항공을 거쳐 아시아나항공 1기로 입사하여 정년을 채우시고 은퇴하셨다. 임기 중에 항공 교과서 편찬에도 참여하시고, 미국 보잉사에 파견되어 생산 검사원으로 일하셨다. 일하시면서 종합슈퍼마켓을 하셨다. 김대중 대통령님과 함께 북한에 다녀오시기도 했다. 현재는 제주항공에서 퀄리티 인스펙터로 일하고 계신다.

어머니는 가정형편이 어려워지면서 고등학교를 다니실 수 없게 되었다. 꿈을 잃지 않고 일을 하면서 방송통신고등학교과정을 이수하여 당당하게 졸업하셨다. 열심히 일하는 모습을 눈 여겨 보시던 지인에게 발탁되어 그 당시 대기업인 후지칼라에 경리로 입사하게 된다. 아버지를 만나 결혼 후 전업주부 생활을 하셨다. 세 자녀를 키우시며 미용사, 보험, 다단계 사업 등을 하셨다.

온 가족이 아버지의 주재 발령으로 중국에 갔다. 가족 뒷바라지를 위해 중국에서 한국 레스토랑을 경영하셨다. 어머니는 중국어를 잘 못하셨다. '멘땅에 헤딩'하는 마음으로 최선을 다해 경영하셨다. 레스토랑은 식당 오른쪽 쇼핑몰에 오는 손님들과 왼쪽 알리바바와 타오바오왕 본사 직원들 등이 자주 찾으면서 꽤 유명해졌다. TV 출연도 하게 되었다.

부모님이 자랑스럽다. 부모님께 영감을 많이 받았다. 특히 도전과 의지와 인내에 대해서 말이다. 그런데 궁금한 점이 있었다. 이렇게 열심히 사는데 경제적으로 계속 어려웠다. 고등학교에 입학할 때 교복을 살 돈이 없어 부모님이 걱정하시는 소리를 들었다. 학교 입학 며칠 전에 지인이 학비에 보태라고 돈을 주어서 교복을 샀던 것을 기억한다.

열심히 사는 것만으로는 부족하다는 느낌을 받았다. 그래서 금융을 공부하고 싶다는 생각을 하게 된 것 같다. 그런데 그때는 그 마음이 너무 얕았다. 그저 생각으로 끝났다.

질문에 대한 답을 찾고 싶었지만 삶은 당장이 힘들었다. 세상에 나갈수록 경쟁구도의 가장 뒷자리에 있다는 것이 느껴졌다. 불안하고 조바심이 났다. 열등감과 무력감에 사로잡혔다. 스스로를 가두기 일쑤였다. 쉽게 움츠러들었다. 숨고 싶고 도망치고 싶었다. 불안은 계속되었다. 이 세상을 누리지 못하고 살았다. 그러다가 삶의 목적을 발견했을 때, 내 삶의 변화가 일어났다. 가족을 지키고 싶다는 마음이 들었다. 부모님을 기쁘게 해드리겠다는 목표가 생겼다.

부모님께서 어려움을 겪는 것을 많이 보았다. 그때 백방으로 다니시며 해결하시려는 모습에 감동을 받았다. 일들은 해결되지 않고 있었다. 하지만 아버지와 어머니의 모습은 빛났다. 새벽에 책상 쪽에서 숨죽여 울고 계시는 아버지의 모습이 달빛에 비쳤다. 노력하는 사람의 눈물이 얼마나 가슴을 울리는지는 본 사람만 알 수 있다. 특히 그분이 아버지라 더 가슴이 아팠다.

불안과 고통을 나누고 위로하고 싶었다. 나는 공부를 잘하지 못했다. 대학교도 예비 순번이었다가 한참 턱걸이로 들어갔다. 그런데 1등을 하고 싶다는 생각이 처음으로 들었다. 그게 지친 아버지 어머니께 기쁨을 줄 수 있는 가장 구체적인 방법이라는 생각이 들었기 때문이다. 부모님이 교통사고를 당하시면서 그 마음이 증폭되었다.

인생 첫 목표가 생겼다. 방법을 몰라서 무조건 책을 통째로 외우기 시작했다. 별을 보며 도서관에서 나올 때가 많았다. 그리고 다음 학기에 학부 수석을 했다. 공부에 재미가 생겼다. 그리고 곧 다른 질문이 생겼다.

'이렇게 늦게 공부를 시작한다고 잘 될 수 있을까?'

그때쯤 신호범(Paul Shin) 이라는 분이 대학교에 특별강의를 하러 오셨다. 그분은 미국의 최초 아시아계 상원 의원이라고 하셨다. 그분의 이야기는 아래와 같다.

1935년에 머슴의 아들로 태어나셨다. 어머니는 그분을 낳고 네 살 때 암으로 돌아가셨고, 아버지는 머슴살이로 일본에 가셔서 연락이 두절되었다. 15세까지 서울역에서 구걸을 하다가, 미군의 하우스 보이가 되었다. 그곳에서 양아버지를 만나 1953년에 미국에 가게 되었다. 한글은 미국에 가서 깨우치셨다고 했다. 19세 때 학교에 가고 싶었지만, 초등학교와 중학교는 나이가 많아서 고등학교는 중학교 학력이 없어서 받아주지 않았다고 한다. 미국의 새 가족도 자신을 받아주지 않은 상태였다. 그날은 그렇게 주저앉아 엉엉 울고, 검정고시를 준비하셨다고 한다. 공부를 하는데 '불가능한'이라는 뜻의 영어단어 'Impossible'이 너무 싫어 사전을 찢으셨다고 한다. 다음날 붙이려고 다시 보니 'Im' 다음 부분이 찢어져 있었다고 한다. '나는 가능하다.'라는 'I'm possible.'로 다시 보였다고 한다.

그렇게 박사학위까지 취득을 하셨다. 박사학위는 국무성 장학금으로 했다고 했다. 외교관 시험에 붙었는데, 시민권을 얻고 9년 3개월이 지나지 않아 자격이 되지 않는다는 자격미달 통보편지를 받았다고 한다. 포기할 수 없어 구구절절한 장문의 편지를 보냈다. 국무성은 법을 바꿀 수는 없다며 박사학위를 받을 때까지 장학금을 주기로 답변을 했다고 한다. 박사학위를 마치고 교수로 재직을 하게 되었다. 그때 '영어도 완벽하지 않은 내가 잘 가르칠 수 있을까? 유일한 동양인인 나를 학생들이 따라줄까?'라는 두려움이 들었다고 한다. 지혜로 채워지고, 용기를 입은, 학생들을 잘 지도하는 자신의 모습을 믿으며 기도하셨다고 했다. 교수로 계시다가 정계에 도전을 하셔서 상원 의원까지 되셨다.

그분의 이야기를 듣고 많이 울었다. 인간적으로 그분의 삶이 많이 아프게 느껴져서. 그리고 나도 할 수 있을 것 같아서. I'm possible. 내 마음속에서 '늦게 공부를 시작했다.'는 빼고 '잘 될 수 있다.'만 남기기로 했다.

강의가 끝나자마자 초고속으로 달려 나갔다. 차에 타시려는 그분께 내가 제일 좋아하는 음료를 감사 선물로 드렸다. 그분은 이럴 때는 '허그(hug)'하는 거라며 꼭 안아주셨다. 차는 출발했고 나는 '나는 잘될 수 있다.'라는 말을 가슴에 품었다.

'실패에도 종류가 있다고?'

실패를 계속하면서 실패가 다 같은 실패가 아니라는 것을 알게 되었다. 더 나은 실패를 하는 방법을 알게 되었다. 실패에는 네 단계가 있다.

첫째, 실패 후 바로 포기하는 단계다. 잘 무너진다.

둘째, 시도하는 용기는 있으나 반성은 없는 단계다.

셋째, 실패를 회고하고 반성하지만 보완이 미숙한 단계이다.

넷째, 실패에 대해 회고하고 반성한다. 같은 실수는 반복하지 않고 성공에 가까워진다.

승무원학과를 도전할 때 나는 대학 진학에 반 포기한 상태였다. 용기 있게 시도했지만 실패를 한 후 반성은 하지 않았다. 노력을 했는지 안 했는지는 상관이 없었다. 떨어지고 나서는 자포자기했다. 나는 안 되는 사람이라고 생각했다. 카타르 오픈데이에서 떨어졌을 때는 집에 와서 반성을 많이 했다. 떨어진 이유라고 생각되는 것을 적어서 준비를 해두었다. 보완이 미숙했다. 캐세이퍼시픽 어세스먼트 데이와 에어차이나 면접 때는 했던 실수는 다시 하지 않기 위해 보완점들을 계속 체크했다. 보완점에 맞춰 해결점을 만들고, 계획 속에 새롭게 채워 넣었다. 다시 말하자면, 계속 실패를 했지만, 각 실패의 점수는 달랐다. 점수를 높여갔다. 그리고 에어마카오에 합격했다. 분석가에 도전할 때는 리뷰를 많이 보았다. 다른 사람들이 아쉬워하는 부분까지 전부 수집해서 답변을 준비했다. 5차 면접까지 연속으로 통과하며 한 번에 합격했다.

경험이 삶의 가장 훌륭한 선생님이다. 삶에게 질문을 했다. 경험이 답을 주었다. 보는 것, 듣는 것, 직접 온몸으로 겪는 것. 온몸으로 질문에 대한 답을 느꼈다. 그때마다 새롭게 단련되었음을 알 수 있었다. 실패를 기점으로 인생에 변화가 일어났다. 실패는 도전의 결과임과 동시에 새로운 도전의 동기였다.

나의 경험은 매일 확장되고 있다. 경험이 곧 나의 세계다. 고로 나의 세계도 확장되고 있다. 무조건 멋져 보이는 경험만 하려고 아무것도 하지 않고 기다리고 있다면 지금 당장 뭐라도 시작하라. 긴 경력이 되지 않는다 해도 마음이 동한다면 해보자. 그리고 시간을 더 세밀하게 쪼개 쓰는 방법을 배워라. 하나의 일을 하면서 더 나은 하나를 항상 준비하는 것은 '안정과 성공'의 가장 기본적인 법칙이다. 하나의 경험을 하고 있는데 더 좋은 경험을 위해 떠나야 한다면 정중하게 사과하는 법 또한 경험하게 될 것이다. 많이 경험할수록 나의 세계는 커진다. 그것은 경쟁력이다.

내가 거인이 되어가고 있다는 증거다.

06

나만의 경험
조각 모음을 시작하라

　유능한 사진작가는 주변을 항상 인식하고 최적의 타이밍에 셔터를 누른다고 한다. 주변과 목표를 항상 인식한다는 것이 무엇인지 배워야 한다. 그리고 셔터를 여러 번 눌러보아야 한다. 그 안에 최적의 타이밍이 들어 있는 것이다. 우리가 최적의 경험들을 적재적소에 배치하는 것도 같은 원리다. 처음에는 그 경험들을 인식하는 것으로부터 시작했다. 최대한 많은 경험들을 떠올렸다. 최적의 경험들을 뽑았다. 몇 가지 질문을 하면서, 강점을 찾기 위한 경험조각을 하나씩 맞추었다. 스스로를 이해하기 시작했다.

　'왜 나는 하고 싶은 것이 없을까?'

첫째, 내가 좋아하는 것을 다른 사람에게 인정받아야 한다는 생각 때문이었다. 아주 어릴 때는 자신이 좋아하는 것을 드러내고 고른다. 친구들은 내가 좋아하는 것에 관심이 없다. 어른들은 잘 골랐다고 칭찬을 해주신다. 클수록 내가 원하는 것이 주위 사람들의 정서와 맞지 않으면, 놀림을 받거나 비판을 받는 경우가 많아진다. 그런 상황은 애초에 피하는 것이 낫다는 생각이 든다. 중학교를 다닐 때 한 친구가 개구리가 그려진 마스크를 쓰고 학교에 온 적이 있다. 그때 다른 친구들이 이 나이에 무슨 개구리 그려진 마스크를 썼냐며 하루 종일 놀렸다. 개구리가 그려진 마스크를 쓰는 것은 누구에게 피해가 가는 일이 아니다. 내가 하고 싶은 것을 하는 것은 잘못이 아니다. 그런데 아이들은 그걸로 그 친구를 놀렸다. 은연중에 내가 하고 싶은 것보다는 다른 사람이 보기에 무난한 선택을 하는 것이 마음이 편하겠다고 생각했다. 하고 싶은 것은 포기하고 남에게 나를 맞추는 삶의 방향이 형성된 것이다.

둘째, 하고 싶은 것이 있었지만 여러 가지 이유로 이루어지지 않았다. 스스로 포기해야 할 때도 많았다. 내가 원래부터 원하지 않았던 상황보다 훨씬 마음이 아팠다. 피아노를 전공으로 배우고 싶었던 적이 있다. 혼자서 나름 필요한 것들도 찾아보고, 어떻게 공부해야 하는지 방법도 찾았다. 부모님도 도와주시려고 했다. 그런데 방음에만 1,000만 원 가까이 든다는 말씀을 들으시고 고민하시는 것 같았다. 지금은 싸고 좋은 방음 재료들이 많이 나왔지만 그때는 전문 업체 시공이 주이던 때였다. 중학생이 그 돈을 구할 방법은 그때는 없었다. 지금 생각해보면 학원을 갈수도 있고, 교회에서 칠 수도 있었는데 그저 안 되겠다고 생각했다. 나는 며칠 뒤 피아노를 그렇게 치고 싶었던 것은 아니라고 말씀드렸다. 스스로 포기했다. 주변을 바라보는 것에 무뎌졌다. 어떤 것을 먹어도 괜찮고, 어디에 있어도 상관없었다. 언제부턴가 무엇을 입어도 괜찮았다. 무엇을 해도 상관이 없었다. 의미가 없었다.

'나의 어떤 면까지 강점이 될 수 있을까?'

구직을 시작하면서 나의 장점과 업무상 강점들을 찾으려고 할 때 색깔이 뚜렷하게 나타나지 않았다. 처음에는 구체적인 수치들이 들어 있는 성적표들에 집중했다. 면접을 볼수록 나를 표현하는 것이 중요하다는 것을 깨달았다. 스토리텔링을 할 수 있는 나만의 경험들을 정리하기 시작했다. 승무원에 도전하겠다는 마음을 먹은 후로는 카테고리가 명확해서 정리가 쉬웠다. 하나의 키워드에 관련된 경험 조각들을 시간 순으로 정리했다. 정리 도중 연관 기억이 떠오르면 그것을 따라갔다.

예를 들어 처음으로 떠올랐던 강점은 '음악과 친화력'이었다. 초등학교 때 피아노 학원을 다녔다. 나중에는 교회에서 반주를 하면서 피아노를 즐겼다. 중국에서 대학을 다닐 때 음악 기초수업과 교양 성악 수업에서 피아노 반주자로 지원했다. 음악 실기를 보는 친구들의 반주를 해주었다. 중국 악보인 간보도 교수님께 직접 배우고 그 수업에서 좋은 점수를 얻을 수 있었다.

승무원 면접에서 좋은 반응을 얻었던 얼후 어르신과의 만남은 이렇다. 음악 수업에서 얼후 연주자 아버지와 피아니스트 딸의 합주 영상을 본적이 있다. 동서양의 조화가 묘하고 매력적이었다. 운동 기구 근처에서 얼후 소리가 났을 때 연주하시는 어르신께 그 이야기를 들려 드렸다. 온전히 이해 하신건지는 모르겠지만 "아!"라고 대답하시며 웃으셨다. 나는 얼후를 좋아하고 그 어르신은 연주를 하시니 분위기가 화기애애했다. 승무원 면접 당시 앉아 계셨던 중년의 면접관님에게서 그 어르신과 같은 분위기를 느꼈다. 합격할 것 같다는 느낌이 왔다.

'면접은 언제부터가 시작일까?'

큰아버지께서 어떤 회사에 아는 분이 있는데 부탁을 드렸으니 가서 같이 식사하면서 취업 조언도 듣고 이력서도 하나 가지고 가서 드려보라고 하셨다. 알겠다고 말씀을 드렸다. 그분과 뵙기로 한 당일이 되었다. 내 머릿속은 온통 이력서를 언제 드릴까 하는 생각뿐이었다. 이력서 자체가 통과가 되지 않고 있었기 때문이다. 혹시나 기회가 될까 하고 있었다. 뵙기로 한 분은 중년의 남자 분이셨는데 같이 일하시는 여자 동료 한 분과 함께 나오셨다.

긴장이 많이 되었다. 인사도 딱딱하게 하고, 밥 먹는데 숟가락도 그분들이 놓으셨다. 졸지에 대접을 받았다. 이것저것 조언도 해주시고 재미있게 해주시려고 노력하셨다. 호응을 제대로 하지 못했다. 웃는 척을 했지만, 속으로는 이력서를 언제 드리고 조언을 얻을까 하는 생각밖에 없었다. 내 목적만 생각하고 있었다. 그분들은 이력서를 달라는 말씀이 없으셨다.

인사를 하고 헤어지는데 이력서를 달라는 말씀이 없으셨다. 가시는데 쫓아가서 이력서를 드렸다. 그분은 멋쩍게 웃으시며 이력서를 받으셨다. 목적을 달성했다고 생각했다.

세월이 흘러 나는 분석가가 되었고 또 실무 면접관이 되었다. 문득 그 기억이 떠올랐다. 그리고 깨달았다. 그 식사가 이미 면접이었을 수 있다는 것을. 그 여자 분은 하고 계시는 업무에서 이미 최고참 중 한명이라고 하셨다. 그 남자 분은 팀장이었다. 실무 면접관으로 들어갈 수 있는 포지션이다. 나는 그때 이력서를 넣고 정식 면접을 보는 루트밖에 생각하지 못했다. 면접은 인사팀을 통해서만 보는 것인 줄 알았다. 다시 생각해보니 내가 학교생활에서 어떤 일들을 했는지, 인간관계에 얼마나 배려 있고 적극적인지 등을 물으셨다. 나는 배려 있고 친화적으로 행동했다고 말했지만 정작 그분들과 밥을 먹을 때는 숟가락을 놓는 배려도 없었다. 뭔가 잘못되었다는 느낌은 그때도 받았다. 그때는 느낌뿐이었다. 이력서를 전달했는데 뭔가 실패한 느낌이었다.

그래서 승무원 면접을 볼 때는 본능적으로 아예 집을 나설 때부터 면접은 이미 시작되었다는 마음가짐으로 승무원처럼 행동하며 면접 장소에 갔다. 같은 마음으로 면접을 치뤘다.

'승무원이 금융권에 가고 싶을 때 내세울 수 있는 강점은 무엇일까?'

경험들을 모아갈수록 내가 돈에 대해 궁금해하고 있다는 증거가 뚜렷이 드러났다. 계속해서 성공학 책을 보고 있는 것, 이해하지 못하는 재테크 책을 계속 읽고 있는 것, 유튜브에 파편처럼 흩어져 있는 자본과 돈의 흐름에 관한 동영상들을 계속 시청하는 것들이 그 증거였다. 그 행동들은 내가 무엇을 원하는 가를 대변하고 있었다. 내가 할 수 있는 일은 그렇게 간 사례가 있는지를 찾는 것이었다. 있다면 어떻게 갔는지, 그 회사는 그 사람을 왜 선택했는지를 확인했다. 그렇게 간 회사의 특징이 무엇인지 내 상황과의 공통점을 찾기 위해 노력했다.

호텔리어들이 금융권으로 간 사례들을 확인했다. 그리고 회사들이 나날이 동질화가 심화되는 시장 경쟁에서 세심하게 서비스하는 '인성화'를 실현하기 위해 노력하고 있다는 내용을 보게 되었다. 서비스계 인재들이 금융서비스 분야에 유입되고 있다는 것이었다. VIP 고객서비스가 많은 월스트리트 금융서비스를 중심으로 시작된 현상이라는 것을 알게 되었다. 검색을 통해 찾은 서비스계 인사들의 경험담을 통해서 나도 갈 수 있겠다는 확신을 얻었다.

경험의 조각을 통해 나를 알아가고, 내가 원하는 것이 무엇인지 물었다. 시간이 걸리더라도 이 질문을 한 것은 올바른 방향으로 가고 싶었기 때문이다. 준비를 하면서 이상하다고 생각했던 부분들은 다시 그 상황으로 돌아가서 되뇌다 보면 답을 얻었다. 나는 매일의 소소한 경험을 기록한다. 인식하기 위해서다. 내가 어떻게 살아왔는지 전체와 세부적으로 보게 된다. 계속 보다 보면 왜 현재의 사고를 하고 있는지 알게 된다. 나를 알게 된다. 삶에 대한 불안감이 일정 부분 해소된다. 그리고 사색을 통해 성장하게 한다.

경험이 겹칠수록 무엇이 나의 강점인지 뚜렷이 알게 된다. 약점이 왜 생겼는지 알게 된다. 어떻게 적용하면 약점이 강점이 되는지 알게 될 것이다. 유연하게 나의 삶을 볼 수 있게 된다. 적재적소에 나를 멋지게 드러낼 수 있게 된다.

나만의 경험 조각 모음을 시작하라.

07

남들이 보기에 하찮은 경력도
나에겐 필살기가 될 수 있다

최고의 회사에게 선택을 받으려면 무엇이 선행되어야 할까?

선택받는 습관 형성과 경험 모음이다. '습관'이란 하나의 경험을 계속하는 것이다. '필살기'란 경험을 모으는 과정에서 나오는 것이다. 경험과 깨달음을 배가 되게 해준 하나의 습관을 소개하고자 한다. 이것이 어떻게 작은 경력으로 이어져 분석가 면접을 볼 때 유익한 작용을 했는지 알수 있을 것이다. 그 습관은 바로 '질문'이다. 질문을 통해 얻은 '우리가 의외로 간과하기 쉬운 선택받는 3가지 방법'을 알아보자.

선택받는 방법 첫 번째, 내가 먼저 선택하기. 질문 습관 덕분에 성공자의 마인드가 드러나는 경험담들을 듣게 되었다. 비행을 할 때는 서비스를 마치고 나면 컨디션이 괜찮은 날도 있지만 대부분 몸이 지쳤다. 서비스 시간이 빠듯하고 절차가 많았다. 승무원들은 비행기를 타자마자 빠르게 사전 준비를 해야 한다. 비행기에 빨리 탑승을 해도 준비 시간은 정해져 있기 때문에 최대한 빨리 하고 승객들을 탑승시킨다. 만약 우리가 타야 하는 비행기에 다양한 이유로 늦게 탑승을 하게 되면 준비 시간은 더 짧아진다. 탑승이 끝나도 갤리에서는 기내식 준비 등 '이륙 후 서비스'를 위한 준비들을 계속한다. 이륙 후에는 기내식을 카트에 최대한 빨리 정리한다. 그리고 밀 서비스를 시작한다. 100kg가까이 되는 카트를 끌고 나간다. 비행기 몸체는 수평으로 있지 않다. 카트를 끌고 나갈 때는 등산을 하는 느낌이다. 빠르게 식사를 제공하고 나면 이미 식사를 다 하신 승객들도 있다. 음료 서비스를 하면서 한쪽에서는 수거를 시작한다. 음료 서비스도 다하고 수거도 다하면 잠시 식사하며 쉴 수 있거나 그날 상황에 따라 착륙 준비를 시작한다.

승객들은 이렇게 잠시 쉬는 시간에 갤리로 오셨다. 갤리를 둘러보고 질문을 하셨다. 음료를 달라고 하시기도 하셨다. 자신이 어떤 일을 하고 있고, 얼마나 성공했는지에 대해 이야기를 시작하셨다. 그분들의 이야기에 호기심이 있었다. 어떻게 그렇게 잘되었는지에 대해서 말이다. 어떻게 그렇게 성공하셨냐고 여쭈었다. 그러면 실패담과 성공담이 쏟아져 나왔다. 그 이야기를 듣고 집에 가다 보면 떠오르는 것들이 있었다. 갑자기 깨달음을 얻었다. 가장 공통적인 부분은 '내가 먼저 호감을 갖고 선택할 때 상대도 호감을 갖고 나를 선택한다.'라는 것이었다. 나만의 '최고의 회사'를 내가 먼저 선택할 때 이 부분을 계속 떠올렸다.

선택받는 방법 두 번째, 나를 계속적으로 알리기. 이직을 시도할 때 계속 뭔가를 해봐야겠다고 생각한 것도 이들의 이야기를 들은 영향이 컸다. 만나는 사람들을 기회로 보고 자신을 계속적으로 알린다고 하셨다.

어느 날, 부기장님의 부모님이 비행기에 타셨다. 그분들은 아들을 만나고 집으로 돌아가는 길이셨다. 부기장님 가족들은 몰디브 분들이신데 리조트를 하신다고 하셨다. 몰디브는 아름답고 강한 나라라고 말씀하셨다. 기회가 되면 꼭 와서 찾아달라고 승무원들에게 말씀하셨다. 어떻게 그렇게 성공하셨냐고 자연스럽게 여쭤보았다. 그랬더니 특별한 비결은 없고 열심히 계속하면 된다고 하셨다. 다만 한 가지 필요한 것은 '계속해서 홍보를 하는 것'이라고 하셨다. 어디를 가든지 리조트에 대해 이야기해주고 또 오면 좋은 시간을 보내게 해준다는 것이었다. 사람들에게 기쁨을 주는 일들을 하면 성공이 오는 것이라고 말이다.

나는 그날 집에 가서 몰디브를 찾아보았다. 몰디브는 정말 아름다웠다. 역사도 어쩌다가 읽어보게 되었는데 큰 울림을 주었다. 몰디브의 아름다움을 차지하기 위해 많은 나라들이 개입했다. 그러나 끝내 공화국으로 독립했다고 한다. 몰디브는 처음에 술탄제 국가로 시작했다. 그러다 네덜란드령에서 영국 보호령으로, 스리랑카 식민지에 편입되었다가 다시 영국 보호령이 되었다. 1965년에 독립했고, 1968년에 술탄제를 폐지하고 공화국이 되었다. 현재 몰디브의 국토는 1,190개의 섬들을 아우른다. 요약하면, 안으로는 많은 자신의 섬들을 하나로 모으고, 밖으로는 많은 외압을 물리치고 독립한 것이다. 아름다운 삶의 방향성이란 이런 것이 아닐까 하는 생각이 들었다. 많은 주변의 소리가 있다. 그 소리들은 사실 말하는 사람의 내면 상태를 알려주는 것이다. 하지만 듣는 것만으로도 상처를 받는다. '저걸 해봤자 소용없어.', '결론적으로 네가 하는 것들은 부족하고 쓸모가 없어.', '난 할 수 있는 게 없구나.', '잘하는 게 없는 사람이야.' 이렇게 말이다. 주변의 소리들을 다 이겨내거나 그것들에 무심하다고 해도 끝은 아니다. 나의 내면의 소리야 말로 진정 나를 움직이는 1,000갈래로 나누어진 마음이기 때문이다. 그것을 통합하는 것은 인생의 가장 큰 미션이다.

그 어려운 일을 몰디브가 해낸 것이다. 내 인생도 이런 방향성을 가지고 살아야겠다는 깨달음을 얻게 되었다. 내 마음을 하나로 모으고, 주변의 소리에 대해서는 단단해지기로 했다. 나만의 기준을 통해 선별해서 받아들이기로 했다. 그리고 가고자하는 회사에 갈 때까지 문을 계속 두드려야겠다는 생각을 하게 되었다.

선택받는 방법 세 번째, 일상 속에서 '관심 분야의 흐름'에 대해 파악하기. 승무원 업무를 마치고 나면 부사무장은 집에 가기 전에 해야 하는 일이 있었다. 그것은 바로 면세 상품을 판매한 자료들을 면세점 사무실에 가져다주고 수수료를 정산 받는 일이다. 수수료를 받으면 승무원들에게 나누어 준다. 그래서 보통은 빨리 자료들을 제출하고 수수료를 정산 받아 디 브리핑에 참여한다. 그 디 브리핑에서 수수료를 나누어준다.

하지만 이 순서는 사무장님의 재량에 따라 바뀔 수도 있다. 예를 들면 승객이 많고 난기류도 심해서 서비스 시간이 빠듯한 날이 있다. 그만큼 일이 고된 날이다. 그런 날은 사무장님이 디 브리핑을 비행 끝나고 바로 정보 전달만 한 후 집에 가게 해주실 때가 있다. 커미션 전달 방법을 따로 정하고 일찍 가서 쉴 수 있도록 배려를 해주시는 것이다. 그런 때는 면세점 사무실에 조금 여유롭게 다녀올 수 있었다. 가서 영수증과 압인 전표, 받은 돈들을 여러 번 확인해보는 여유를 부렸다. 조금 더 앉아 있고, 가끔 담당 직원과 이야기도 할 수 있었다.

하루는 면세품 판매가 활발하게 이루어져서 관련 영수증과 돈이 많았다. 그래서 면세점 측에서 정산을 하는데 오래 걸렸다. 옆에 있던 사무실 직원에게 이 영수증들이 나중에 어디로 가는지 물어보았다. 관할하는 은행이나 카드사로 보내진다는 것이다. 리포트도 쓰고 관련 자료들을 기입해서 관할 기관으로 보내면 며칠 안에 돈이 입금이 된다고 했다. 여기서 제공하는 블랙리스트는 어떻게 만들어지는 것인지 물어보았다. 손님들은 세계 각국에서 오신다. 그러다보니 카드 발급지도 여러 곳이다. PDA 기계로 결제가 되었다 하더라도, 해당국 은행 또는 카드회사에 자료를 제출하면 분실 카드 혹은 연체 정지 카드라는 답변이 돌아올 수 있었다. 계약사항에 따라 그 손실은 카드사 또는 물건 판매자 측에서 감당해야 한다는 것이다. 이렇게 문제가 생기는 카드 정보를 하나씩 기입해서 종이리스트를 만들어 제공한다는 것이다. 자신이 쓰고 있는 리포트의 일부를 보여주기도 했다.

일상 속에서 관찰과 질문들을 했다. 피곤하고 주어진 일만 하고 싶을 때도 많았지만, 작은 자투리 시간을 통해 시야를 넓히기 위해 노력했다. 이는 습관이 되었다. 그로 인해 해보고 싶은 발전된 꿈이 생기고, 더 나아가 이직을 하는데 도움을 받았다. 가고 싶은 회사를 선택했다. 계속 문을 두드렸다. 그리고 실생활에서 일하고 싶은 분야에 대한 작은 관련 정보들을 모았다. 이런 작은 내용들은 찾으려면 찾을 수는 있겠지만 바로 나오지는 않았다. 면세점에서 들었던 이야기는 실제로 면접할 때 업계기본지식에 대한 답변으로 활용했다. 이 답변은 어찌 보면 동떨어져 보였던 항공서비스와 금융서비스의 연결고리가 되어주었다. 그리고 평소에도 노력하고 공부하는 태도를 어필할 수 있는 좋은 기회가 되었다.

우리는 일상 속에 일어나는 일들을 당연하게 바라본다. 더 깊이 알려고 하지 않는다. 질문하지 않는다. 하지만 묻는 사람에게는 예상치 못한 이득이 된다. 요컨대, 나는 '질문'이 검색에 이어 또 다른 '정보가 돈이 되는 기술'이라고 생각한다. 당신은 주변에 있는 것을 유심히 살펴보는가? 혹은 그냥 지나가는가?

우리 주변에 있는 모든 것은 곁에 있지만 인식하지 못하는 고급 정보들이다. 주변에 관심 있는 것들을 키워드로 기록하라. 마음에 남는 것이 있다면 느낀 바를 상세하게 기록해보라. 더 깊이 알아보라. 이해가 어려운 부분에 대해 질문을 하라. 전체적인 흐름을 파악하라. 이해하고 저장하라. 때가 되었을 때 꺼내서 답변하라. 상대방이 원하는 경력이 될 수 있다.

남들이 보기에 하찮은 경력도 나에겐 필살기가 될 수 있다.

08

답은
하나가 아니다

'인생은 어떤 식으로 살라고 누가 정해놓은 규칙이 있는 게 아니다. 중요한 것은 나에게 맞는 삶의 방식을 찾아내는 일이다.' 미하이 칙센트 미하이의 명언이다. 어떤 목표에 도달하는 방법은 많고, 선택을 하는 사람은 나 자신이다. 아래의 3가지 질문을 보자.

"이 사람 말이 맞을까요? 저 사람 말이 맞을까요?"
"과정이 중요한가요? 결과가 중요한가요?"
"어느 정도 스펙이 있어야 적당할까요?"

모두 같은 의도를 가진 질문이다. 사람들은 이 질문을 왜 할까? 사람에게는 예측할 수 없는 상태가 최고의 리스크다. 그래서 그것을 벗어나려고 하는 것이다. 그리고 기대하는 것은 자신을 안심시켜줄 답변이다. 상대가 자신을 더 불안하게 하는 답변을 한다면 어떻게 될까? 아마 질문자는 질문하기 전보다 더 불안해질 것이다. 결국 질문자는 어떤 답이든 '자신을 설득시켜주고 괜찮게 하는 답변'이 필요한 것이다. 어떤 답변이 당신을 괜찮게 해줘야 한다고 생각한다면 그것은 수동적인 자세다. 당신이 추구해야 할 이상은 따로 있다. 그것은 '어떤 답이든 괜찮은 나 자신'이 되는 것이다. 스스로를 괜찮게 해줄 수 있다면, 하고 싶은 일을 할 때 엄청난 추진력을 일으킬 수 있다.

어떻게 해야 괜찮을 수 있을까? 스스로를 설득하면 된다. 사람은 타인의 말에 설득될 수도 있고, 자신에 의해 설득될 수도 있다. 남에 의해 설득된 답이 전부가 아니라는 것을 알아야 한다. 나로 살아가는 주체적인 삶을 원한다면 스스로를 설득할 줄 알아야 한다. 마음을 열고 여러 다른 가능성을 받아들일 준비를 하고 있어야 한다. 할 수 있는 한 최대한 넓은 세상을 경험하며 이 세상에 존재하는 '다름'을 먼저 느껴야 한다. 답이 당신이 누군가로부터 들은 그것 하나라고 생각하는가? 답이 하나가 아니라는 것을 알면, 자유로워진다. 이해를 돕기 위해 '4가지 예시'를 들려주려고 한다.

첫째, 목표를 이루는 길은 하나가 아니다. 돈의 흐름을 배우고 싶어서 금융권에 왔다. 어떤 사람에게는 이 방법이 과하게 느껴질 수 있다. 돈은 유튜브로도 배울 수 있고, 책을 통해서도 배울 수 있다. 여러 전문가가 제공하는 심화과정을 들으면서 배울 수도 있다. 돈에 대해 배울 수 있는 경로는 이렇게 많다. 필자의 경우는 유튜브나 책을 보는 것이 돈의 흐름의 작은 부분만 보여주는 듯한 느낌을 받았다. 돈의 움직임이 수치로 보이는 환경에 있고 싶었다. 또한 지금보다 돈을 더 많이 벌면서 공부하고 싶었다. 금융이라는 분야 자체가 좋았기 때문에 업무만 잘해낼 수 있다면 금상첨화일 것이라고 생각했다.

승무원에서 이직을 고려할 때 금융권이라는 분야의 카테고리만 정하고 리스트를 뽑아 가고 싶은 회사를 여러 개 두었다. 길을 고르는 것도 사람마다 그 답이 다르다. 무언가를 원할 때 그것은 종종 다른 원하는 것들과 연결이 되어 있다. 과거의 나와 현재의 내가 고르는 답은 다를 수 있다. 우리가 좋아하는 것들 그리고 생각하는 최적의 업무환경 등은 바뀔 수 있다. 자신이 원하는 것들을 세심하게 고려해가면서 '그때' 가질 수 있는 답을 찾기 때문에 모두의 답은 다를 수 있다.

둘째, 상황을 보는 관점도 하나가 아니다. 앞서 했던 토끼와 거북이 이야기를 다시 해보겠다. 토끼와 거북이가 바다에서 경주를 한다면 누가 이길까? 거북이가 99%의 확률로 이길 것이다. 여기서 1%는 거북이가 가다가 갑작스런 벼락을 맞아 기절하고, 토끼가 뗏목을 빨리 움직여 경주에서 이길 확률이다. 거북이가 땅에서 훨씬 빠른 토끼를 이긴 확률처럼 말이다. 이 원리를 이용해 중국계 항공회사로의 취직을 계획한 면도 있다. 필자가 졸업한 대학교는 구직 당시 한국에서 많이 알려지지 않았다. 하지만, 중국의 명문대학 중 하나이다. 나에게 유리한 곳을 선택한 것이다.

답이 하나가 아니라는 증거는 이뿐만이 아니다. 어려서부터 까만 피부가 콤플렉스였다. 하얀 피부를 가진 사람이 미의 기준이라고 습득이 된 것이다. 스스로 못생겼다고 생각했다. 에어마카오에 입사를 했을 때, 유럽에서 오신 동료 분들이 내 피부를 보고 그을린 모습이 건강해 보이고 아름답다고 했다. 처음에 그 이야기를 듣고 거짓말인 줄 알았다. 아파트 수영장에 갔을 때 그 말씀을 하셨던 몇 분이 몸을 그을리려고 하루 종일 엎드려 계셨다. 자신도 빨리 그을려지기를 원한다고 하셨다. 그때 나에게 했던 칭찬이 진짜였다는 것을 알았다. 피부가 장소와 문화에 따라 다르게 인식된다는 것을 알았다. 또 하나는 필리핀과 인도에 갔을 때다. 사람들에게 왜 이렇게 하얗냐는 질문을 들었다. 어떤 친구들에게는 '백설공주'라는 호칭을 들었다. 너무나 생소한 호칭에 처음엔 얼떨떨했다. 비슷한 피부색을 가진 사람들과 있을 때는 알지 못했던 새로운 관점을 다른 피부색을 가진 사람들과 함께할 때 알게 되었다. 잘못된 것이 아니라 다른 것이었다는 것을.

셋째, 사람들은 자신이 처한 환경에 따라 다양하게 생각한다. 그리고 그것들 자체로는 좋고 나쁨이 없다. 받아들이는 나에게 선택권이 있는 것이다. 유럽 기장님들이 내가 그을려서 아름답다고 한 것은 진심이었다. 그런데 나는 놀린다고 생각했다. 나는 내가 어디선가 들었던 남의 이야기를 내 기준으로 세웠다. 그 기준이 아니면 다 가짜라고 생각한 것이다. 지금 생각하면 까만 피부도 예쁘다. 하얀 피부도 예쁘다. 다 고유의 특성이 있다.

우리는 어렸을 때 "제일 예쁜 것은? 제일 빠른 것은? 제일 좋아하는 색은?" 등의 질문을 받았다. 그리고 질문 자체에 의문을 가질 생각은 별로 하지 않았다. 왜 하나만 선택해야 하는가? 혹은 왜 여러 개를 선택해야 하는가? 질문 자체에 한계가 주어진 것일 수도 있다. 어떤 이는 원하는 것 하나를 선택해야 한다고 한다. 어떤 이는 하고 싶은 것은 다 해보아야 한다고 한다.

둘 다 맞다. 하나를 선택하고 집중해서 잘되는 사람을 보았다. 그리고 하고 싶은 것을 전부 도전해서 해내는 사람도 보았다. 개인의 역량, 하고 싶은 것의 크기 등 세부 사항에 따라 성취해내는 정도는 다를 수 있지만 말이다. 나를 알고 하려는 것을 알아가려는 노력이 있다면, 어느 선택으로도 잘될 수 있다.

넷째, 나만의 답을 내리는 것이 중요하다. 비행을 막 시작할 때 화장을 잘하지 못했다. 여러 사람에게 조언을 구했다. 한 친구는 내 눈썹이 너무 두껍다고 했다. 더 얇게 그렸으면 좋겠다고 했다. 또 다른 친구는 내 눈썹이 좀 얇으니 살짝 더 그리라고 했다. 나중에는 내가 묻지 않은 사람들이 내가 물었던 사람들과 이야기를 하고 와서 자신들이 예쁘다고 생각하는 대로 하면 좋겠다고 했다. 내 눈썹은 얇아도, 두꺼워도, 위로 가도, 아래로 가도 안 되는 상황이 되었다. 승무원 트레이닝이 시작되었을 때 메이크업 레슨이 있었다. 가지고 있는 맥 크리스마스 아이섀도 키트를 가지고 파란색의 눈 화장을 했다. 반응은 상이하게 달랐다. 몇몇 동료들은 공작새 같다고 했다. 그리고 교관님은 크리스마스 블루 컬러가 아름답다며 좋아하셨다.

답은 다양했다. 어떻게 해도 사람들을 충족시킬 수 없었다. 그리고 나는 다른 이가 주는 답변에 만족을 느끼지 못했다. 내 마음에 자신감이 드는 것이 가장 중요하다는 사실을 깨달았다. 결론은 내 눈썹은 내가 원하는 대로 그리는 것이었다. 화장도 내가 하고 싶은 대로 하기로 했다. 어떤 상황에 있든지 선택은 내가 하는 것이다. 내 마음이 주는 느낌이 나에게 제일 정확하다.

이 세상 모든 것은 독립체다. 그래서 다르다. 답의 개수는 최소 그 다름만큼 있다. 나에게 좋은 답은 나만의 답이다. 나만이 찾을 수 있다. 스스로 결정을 내려야 한다. 답은 하나가 아니다. 마음을 열어라. 할 수 있는 최대한 많은 경험을 하라. 많은 상황을 보라. 당신만의 기준과 답을 가져라. 남이 동의하는 답이어야 한다는 관념에서 자유로워져라. 나만의 숙고한 기준과 답을 가진 사람만이 자신의 기준과 답을 가진 다른 사람을 진정으로 존중할 수 있다.

답은 주도면밀하게 찾아라. 그래야 답에 자신감이 생긴다. 답을 선택한 내가 괜찮아진다. 남에게는 생소한 답이어도 괜찮다. 할 수 있는 최대한 치밀하게 준비하며 실행하라. 혼자하기가 어렵다면 '자신만의 기준으로 더 넓은 세상을 만나는 법: 오미영청춘고민상담소'에 와서 함께하기를 바란다. 답이 두 개 이상 나올 때는 모두 염두에 두고 연구해보아라. 선택할 수 있는 길도, 관점도, 방법도, 답의 개수도 하나일 필요는 없다. 제한은 없다.

내 마음에 맞는 모든 답이 맞다. 답은 하나가 아니다.

CHOICE

최고의 기업에게

선택받는

8가지 방법

4장

01 시작 :

도전하는 것 자체가
절반의 성공이다

당신은 이미 엄청난 성공자라는 사실을 알고 있는가? 『허공의 놀라운 비밀』의 남경흥 저자에 의하면 인간으로 태어남은 행운 그 자체이다. 저자가 설명하는 상세내용은 아래와 같다.

생명이 태어날 수 있는 확률은 얼마일까? 남자가 성교 시 1회 배출하는 정자는 5억 개라고 하며, 남자는 평생 평균 600회의 성교를 할 수 있다고 한다. 이때 배출되는 정자 수는 3,000억 개라고 한다. 여자는 평생 난자를 600회 배출할 수 있다고 한다. 경우의 수를 모두 고려할 경우 평생 난자와 정자가 결합하기 위해 경쟁해야하는 경쟁률은 180조 분의 1이다. 하나의 생명이 태어나기 위해서는 180조 분의 1이라는 엄청난 경쟁을 뚫고 정자가 난자막을 통과하여야 하는 것이다. 이것은 고액 복권 당첨 확률이 보통 800만 분의 1이라고 본다면 2,250만 회를 당첨되는 것과 같으며, 전 세계 인구 70억 명이 각자 2.6만 번씩 다시 태어날 확률과 같다. 이 세상에 태어난다는 것은 정말이지 거의 불가능한 문을 통과한 것으로, 기적이 함께하지 않으면 불가능한 확률이다.

당신은 기적의 확률로 이 세상에 오는데 성공했다. 이미 큰 성공을 거둔 것이다. 그럼에도 실패했던 경험이나 현재 겪고 있는 부정적인 일들은 도전을 하는 것을 두렵게 한다.

우리는 자동적으로 숨을 쉰다. 이처럼 어떤 상황이 일어나면 나의 내면에서 자동적으로 반응한다. 여러 호흡법에서는 자동으로 숨을 쉬는 대신 통제하여 몸의 균형을 맞춘다. 이처럼, 삶과 환경에 자동으로 반응할 수도 있고, 반응들을 통제하여 삶과 환경들을 원하는 대로 맞춰갈 수도 있다. 그렇다. 외부 환경이 받쳐주어야만 도전할 수 있다고 생각하는 사람들이 있는데, 반대로 내가 먼저 행동하여 외부 환경을 바꿀 수도 있는 것이다.

'최고의 회사에게 선택받는다고? 나는 불가능해….'

최종 목표와 막 시작하는 자신의 현재 위치를 바라보면 둘 사이의 엄청난 차이가 눈에 들어온다. 확실히 성공한다는 보장 없이 엄청난 노력을 기울이기 두려워지는 것은 당연하다. 자동적인 반응이다.

막 영어 알파벳을 공부하기 시작할 때는 회사에서 영어로 회의를 하는 것이 불가능해 보인다. 자신은 유창하게 말해본 적이 아직 없기 때문이다. 많은 사람들이 현재의 자신을 보며 지금도 그리고 앞으로도 미팅을 할 수 있을 정도로 말을 못할 거라며 쉽게 포기한다. 영어 공부를 시작하자마자 비즈니스 회의를 감당할 수 있는 사람은 없다. 공부를 해서 영어를 잘하게 된 사람들도 처음에는 두려움이 있었다. 그래서 계획이 필요하다. 방향과 세부 사항을 잡고 공부하다 보면 그것이 쌓인다. 많은 문장과 상황을 이해하게 된다. 어느 순간 실력이 늘어 있는 자신을 발견하게 된다. 자신감이 생긴다. 여기에서 자신감의 원리에 대해 알 수 있다. 자신감은 나와 상황과 원하는 것, 즉 세상을 이해할수록 커지는 것이다.

원하는 바를 이루는 원리는 간단하다. 이루는 길을 계획하고 나와 최종목표를 접점들로 연결하면 된다. 그런데 이것은 쉽지가 않다. 사람들이 대략 몇 번을 도전하고 포기하는지 아는가? 놀랍게도 아예 도전하지 않는다. 그 무엇보다도 힘든 것은 '하고 싶은 일에 도전하도록 스스로를 허락하는 것'이다. 더 크게 말하면 '내가 원하는 목표를 이루는 나'를 스스로가 마음에서 허락하는 일이다. 할 수 없다고 생각하기 때문이다. '할 수 없다.'는 마음은 부정적인 감정이다.

『뇌 맵핑 마인드』에서 저자인 리타 카터는 부정적인 감정이 어떻게 움직이는지를 설명한다. 자신에게 일어났던 과거의 슬픈 경험이 하나 떠오른다. 그러면 전두엽 앞부분의 외부 가장자리가 활성화된다. 그리고 부정적인 감정을 관장하는 편도체도 활성화된다. 이 편도체를 자극하는 시상의 상부 정중앙도 마찬가지다. 대뇌구의 내측에 있는 전두대피질은 무언가에 집중하고 있을 때, 머릿속에서 발생한 아픔 등의 감각을 인지할 때 활성화된다. 이 네 부분은 신경으로 접속되어 있어 어딘가의 활동이 활발해지면 다른 부분도 자극을 받는다. 이렇게 신경회로가 과열됨으로써 편도체에서 부정적인 감정이 생성되면 전두엽 앞부분이 그 감정에 부합되는 장기기억을 다시 불러낸다. 이 흐름을 유지하고 촉진을 하는 상태가 되면 과거에 머무르는 것이다.

부정회로는 네 부분이 과열되며 끊임없이 돌아간다. 한번 활성화된 이 흐름은 초점을 과거의 부정적인 상태에 머무르게 한다. 기분이 고양되는 일에 의식이 쏠리지 않는 상태가 된다. 기분이 침체된다. 모든 것이 무의미하게 느껴진다. 무언가를 해야겠다는 생각을 따로 할 수 없다. 아무것도 하고 싶지 않고, 할 수 없다고 생각하게 된다.

이 부정과 우울을 벗어나는 첫 걸음은 이 부정적인 감정이 나와 함께 있음을 받아들이는 것이다. '불안하고 속상하다는 것을 인정해.', '잘 안 되는 상황은 세상에 흔한 일이야. 그럴 수도 있지.', '그런 상태여도 괜찮아.' 이렇게 상황을 인정해준다. 과열되어 있는 듯했던 내가 가라앉기 시작한다. 괜찮다는 말을 들으면 부정으로 가던 나의 마음의 방향이 중간으로 온다. 그때 한마디를 덧붙이면 좋다. '그리고 잘하고 있어.' 잘하고 있다는 말을 들으면 마음이 잘하는 방향으로 기운다. 잘한 것을 생각해 본다. 잘한 것이 당장 떠오르지 않는다면 그저 제대로 이상 없이 된 것 또는 되고 있는 것을 생각해본다. 잘 보이는 내 눈, 어제 저녁에 적당히 잘 조리한 짜파게티.

그리고 마지막으로 내가 원하는 일들을 '할 수 있어.'라고 들려준다. 계속 들으면 믿어진다. 계속 할 수 있다고 들려주어라. 할 수 있는 자신이 되고, '이미 해낸 자신'으로 가는 수순을 밟는다. 부정적인 생각이라는 것은 집중하고 맞서 화내면 없어지는 것이 아니라 오히려 커진다. 부정적인 마음은 잘되고 있는 것들, 즉 긍정적인 면으로 시선을 옮김으로써 작아지고 사라진다.

할 수 없다는 감정에서 일시적으로 나왔다 하더라도 같은 생활을 반복하면 이전 마음 상태로 되돌아간다. 필자는 이런 상황에서 2가지를 했다.

첫째, 계속적으로 동기부여가 되는 명언이나 책 읽기 혹은 영상 보기. 긍정적인 이야기를 해주는 책이 계속적으로 읽는 것도 도움이 많이 되었다. 우리가 주변에서 하는 부정적인 이야기에 물들 듯이 긍정적인 이야기에도 서서히 물들기 때문이다. 둘째, '작은 성공'을 만들어 자신을 성공자로 인식시킬 수 있는 방법을 찾았다. 뇌는 크든 작든 어떤 일에 성공하면 스스로를 '성공자'로 인식한다. 작은 성공들을 기르는 방법을 고를 때는 분야에 상관없이 100% 성공할 수 있는 것으로 스스로 골랐다. '7분 산책하기'를 했다.

두 가지 이유가 있었다. 첫째, 햇빛이 있을 때 산책을 하면 행복 물질이라 불리는 '세로토닌'이 분비되어 할수록 스트레스를 흘려보낼 수 있다고 TV에서 나오는 걸 본 적이 있다. 몸의 통증을 완화해주며 마음의 밸런스를 유지시켜준다. 세로토닌이 약할 때는 스트레스를 흘려보내는 것이 불가능하다고 한다. 부정적인 감정이 쌓이는 것이다. 지치게 된다.

둘째, 산책으로 작은 성공이 쌓이면 자연스럽게 자신감이 상승된다. 나의 무의식이 내가 계속 성공을 거둔 성공자라는 사실을 인지하는 것이다.

마음 훈련과 성공 경험을 하다 보면 점점 도전하고 싶은 마음이 생긴다. '해보고 싶다.'는 마음 안에는 항상 '할 수 있다.'는 실낱같은 마음도 함께 있다. 이때, 품어왔던 목표 혹은 새롭게 정한 목표를 품으면 받아들인다. 마음의 훈련 정도에 따라 두려움 없이 받아들일 수도 있다. '목표'와 '내가 이미 성공자라는 동기부여'가 같이 가는 것이 가장 이상적이다.

『성공을 꿈꾸는 리더』에서 이규환 저자는 이렇게 말한다.

"성공과 실패는 먼 곳에 있지 않고 바로 내 안에 있다. 내 마음에 성공이 있고, 내 생각에 성공이 있고, 내 입술에 성공이 있다면, 그 성공은 내 삶에 나타난다. 이처럼 먼저 자신을 성공적인 사람으로 만들어놓는 것이 중요하다. 그래서 항상 성공을 마음에 품고 살아야 한다."

'성공'이라는 마음을 품자. 성공자로서의 자신을 스스로 먼저 마음속에서 받아들이자. 그리고 도전하는 사람이 되자. 넘어져도 좋고, 작심삼일도 좋다. 게을러져도 좋다. 중요한 것은 시작을 하는 것이다. 넘어지면 다시 일어나면 된다. 상황을 이해하려고 노력하고, 새로운 계획을 짜고, 다시 도전하면 된다.

나와 목표를 잇는 점과 점을 연결하다 보면 결국엔 이어진다. 지금의 내 위치가 그 첫 점이다. 첫 점을 찍어라. 첫 점을 찍기 위해 당장 해야 하는 것은 단 한 가지다. 바로 결심하는 것이다. 도전을 결심하라. 이 장의 여백에 "나는 도전자다!"라고 써라. 이름과 함께 결심의 사인을 하라. 종이 위에 적는 것으로 첫 행동을 하라. 시작의 증표가 되어줄 것이다. 시작을 하면 어떤 식으로든 결과가 생기게 되어 있다.

기억하라. 도전하는 것 자체가 절반의 성공이다.

02 목표 :

심장이 반응하는
기업을 선택하라

도전하기로 마음먹었다면 '도전자'로서의 새로운 삶은 이미 시작되었다. 명확한 이해를 위해 개념을 정리해보자. 무언가를 해보는 방법은 '시도'와 '도전'이 있다. 가볍게 해보는 것을 시도라고 하고 준비를 해서 제대로 해보는 것을 도전이라고 한다.

도전하기 위해서는 준비가 필요하다. 첫 번째는 목표를 정하는 것이다. 원하는 대로 되기를 바란다면 먼저 원하는 것이 있어야 한다. 언뜻 보면 당연한 말 같다. 하지만, 열심히 사는 사람들이 의외로 잊기 쉬운 부분이 목표를 가지는 것이다. 목표는 계획의 최우선 순위이다. 내 위치에서 시작하는 것이 첫 점을 찍는 것이라면, 목표를 정하는 것은 마지막 점을 찍는 것이다. 그 후에 중간의 점들을 이어 목표를 현실로 만들 수 있다.

필자는 대학 시절 열심히 공부했다. 그리고 막연히 사회에 나갈 것이라고 생각했다. 취업을 하러 나왔을 때 갈 길을 찾지 못해 방황하고 좌절했다. 덜 자고 덜 놀고 열심히 하는 것 같은데 잘 풀리지 않는 느낌이었다. 목표가 없기 때문이었다. 사실 방향조차 없었다. 대충 어떤 것들이 있는지 아는 것에 그쳤다. 원하는 것을 선택했다가 얻지 못할까 봐 두려워서 어물쩍 선택을 미뤘다. 대학을 졸업하고 나서야 시키는 것만 하던 자신이 보였고, 목표에 대해 생각하게 되었다.

가로수 길을 걷다 보면 길을 지나가는 많은 이성이 있을 것이다. 어떤 사람은 멋있고, 어떤 사람은 예쁘고, 어떤 사람은 잘생겼고, 어떤 사람은 분위기가 아름답다. 하지만 모든 사람에게 내 마음이 동하지는 않는다. 모든 사람이 훌륭하지만 나의 마음은 아무나 고르지 않는다. 마음이 동해야 다가가고, 더 알아간다. 왜일까?

'이상형'이라는 것은 개인적이다. 사람을 보다 보면 나만의 '이상형'을 찾게 된다. 나의 '이상형'이 반드시 남에게도 최고일 필요는 없다. 이상형을 찾으면 가슴이 뜨거워진다. 심장이 반응하는 목표를 찾는 것도 같은 원리다. 찾으면 가슴이 뜨거워진다. 어떤 곳이든 남들이 볼 때는 좋을 수도 있고 별로일 수도 있다. 중요한 것은 나 자신의 반응이다. 나에게 최고의 기업을 찾는 것이다.

필자는 심장이 반응하는 기업을 선택했다. 이직 준비를 할 때 현재 다니고 있는 회사에 강렬한 인상이 남았던 이유가 하나있다. 회사 이름을 키워드로 넣고 검색을 하는 중이었다. 한 인스타그램 피드를 보게 되었다. 호주 직원으로 보이는 한 남자가 일하는 모습을 보았다. 그 사진에는 바닷가에서 근무한다는 뜻의 'Work From Seaside'라는 해시태그가 걸려 있었다. 눈부신 석양과 아름다운 바다와 자유롭게 근무하는 모습이 충격적이면서도 심장이 두근거렸다. 그때 '원격 근무'라는 개념을 처음 알았다. 물론, 나는 다른 근무 지역을 선택했고, 나라마다 업무 방식은 조금씩 다르게 관리된다. 하지만 기업의 전체적인 느낌은 현재 소속된 팀에도 있다. 존중을 받고 자유를 누리며 감사로 회사생활을 해왔다.

지금 와서 알게 된 것은 머리는 모를지라도 가슴은 내가 원하는 곳을 알아본다는 것이다. 많이 찾고 보고 경험하며 직접 느껴야 하는 이유다. 가슴이 뜨겁다는 것은 강렬한 감정이 일어난 것이다. 감정은 행동을 일으키는 원인이다. 목표를 향해 행동하게 한다. 많은 사람들이 앞으로 내가 선택할 수 있는 것들이 무엇이 있는지 어렴풋이 안다. 이때 확실히 인식해야 할 부분이 있다. 내가 무엇을 원하는지 '아는 것'과 그 아는 것을 '목표로 정하는 것'은 다르다는 것이다. 아는 범위 내에 심장이 반응하는 기업이 없다면, 경험 범위를 확장하자. 그리고 다시 한번 찾아보자.

『진짜 부자들의 돈쓰는 법』에서 저자인 사토 도미오는 인간의 뇌에 '필요하다.'고 생각한 것을 반드시 손에 넣게끔 하는 시스템이 깔려 있다고 전한다. 우리의 뇌 속 '대뇌 변연계'라 불리는 부분에 '자동 목적 달성 장치'를 내장해 태어난다는 것이다. 이 장치는 당신의 목적이 무엇이든 그것을 실현하려고 한다.

그런데 저자는 현실에서 이 원리로 목적을 달성하는 것이 쉽지 않다고 부가적으로 전한다. '마음 깊은 곳에서 반드시 이루어 내고 싶은 욕망인가?'가 근본적인 이유라고 한다. '뭔가를 먹어볼까?' 정도로는 사람이 움직이지 않는다는 것이다. '회가 먹고 싶다.'고 생각하며 맛있는 회를 머릿속에 떠올렸을 때, 사람은 횟집에 가는 행동을 한다. 이렇게 구체적으로 이미지화되었을 때, 비소로 사람을 움직이는 강력한 힘을 갖게 된다는 것이다. 이루고 싶은 마음이 있다면 반드시 구체적인 목표점을 만들어야 한다. 그리고 이미지화를 해야 한다.

필자는 2가지 외에 하나를 더 추가하고 싶다. 목표를 정할 때는 그것을 원하는 '이유'가 있어야 움직일 동력이 생긴다. 이유 없는 '승무원이 되고 싶다.'보다 '세상을 보며 돈을 벌고 싶어 승무원이 되고 싶다.'라는 말이 움직일 동기를 준다. 목표를 정할 때는 나만의 동기부여가 되는 이유가 있어야 한다. 그래야 마음이 이해하고 인정한다.

요컨대, 최고의 기업에 가고 싶은 사람은 '최고의 기업에 가기 위한 정보', 즉 목표와 목표를 선택한 이유 그리고 목표를 이룬 장면을 자연스럽게 뇌에 감지시켜 그 기업을 가기 위한 행동을 이끌어내야 한다.

그 후에는 계획을 치밀하게 세워서 실패 확률을 낮춘다. 점으로 연결된 나와 목표 사이에 빈틈이 없도록 말이다.

그러려면 첫째로 나를 파악해야 한다. 내가 어느 만큼의 목표를 받아들일 수 있는지 말이다. 바로 도전할지, 다른 경력을 거쳐서 도전할지를 정하기 위한 것이다. 연결되는 부분이 하나라도 있다면 바로 도전하면서 공부하고 필요한 부분들을 채워간다. 다른 경력을 거쳐서 도전하려고 한다면, 그곳은 하나의 세부 목표가 된다. 세부 목표는 내가 잡을 수 있는 만큼의 목표를 말한다. 최종 목표에 도달하는 데 어떻게 '강점'으로 작용시킬지 고심해서 계획해야 한다. 세부 목표들을 달성할수록 최종 목표에 도달하고자 하는 의욕이 생긴다. 실패도 성공의 어머니지만 '성공은 성공의 더 큰 어머니'다. 작은 성공들은 내가 더 큰 성공을 하도록 도와준다.

앞서 자신감에 대한 이야기를 했다. 이것은 목표를 추진하는 동력이기 때문에 중요하다. 뭘 해도 안될 것 같다고 생각한다면 우선 자신감을 기르는 목표를 먼저 세워라. '7분 산책' 같은 쉬운 것으로 말이다. 그리고 자존감을 떨어뜨리는 말을 하는 사람들을 감당할 수 없다면 멀리하라. 주변의 나에 대한 평가, 도전하지 않는 것, 실패, 계획 없이 아득히 먼 목표로 인해 자존감이 낮아진다. 자존감이 낮으면 자신감 또한 자연스럽게 떨어진다. 어떤 상황에서도 지지해주는 환경 그리고 멘토를 찾아라.

이런 환경과 멘토가 가까이 있다면 제일 좋다. 없다 해도 나의 가치를 인정해주는 동기부여서적들을 통해서 멀리 있거나 돌아가신 멘토들을 만날 수 있다. 그들이 내 곁에서 성공자 혹은 멘토로서 내가 할 수 있다고 말해줄 것이다. 계속 보면 나의 생각도 긍정적으로 변한다. 할 수 있다고 생각하게 된다. 자신감을 기르는 방법은 쉽다. 이룰 수 있는 목표를 정해놓고 반복적인 성취를 이루는 것이다. 이는 마치 튜브에 바람을 넣는 것과 같다. 처음에는 잘 티가 나지 않지만 곧 가득하게 채워진다.

"최고의 기업에 가고 싶다."라고 말하면서도 가지 못하는 사람이 많다. 자율 신경계를 움직일 만한 강한 열망을 일으켜야 한다. 스스로 '최고의 기업'을 정해서 심장이 반응하고 뇌가 '필요한 것'으로 인지하도록 해야 한다. 치밀한 계획을 세워서 실행해야 한다. 긍정적인 감정을 계속적으로 불러일으켜서, 계속적인 실행이 일어나도록 유도해야 한다. 목표를 달성할 때까지 말이다.

아직 구체적이지 않다면 구체적인 분야부터 확정하자. 나의 시작점과 목표를 확인했다면 그 사이에 대한 계획을 세우자. 역량이 하나라도 연결되는 직무를 고르거나 관련 기업 리스트를 뽑아보자. 구체적인 계획이 보이면 그곳으로 갈 수 있겠다는 마음과 함께 가야겠다는 의욕이 생긴다. 목표와 계획이 뚜렷이 보이면 자신감이 상승한다. 그 계획이 당장은 엉터리라 할지라도 괜찮다. 한번 계획을 만들어놓으면 수정을 통해 더 잘 만들고 싶어진다. 더 좋은 계획을 계속 만들면서 목표에 가까워진다.

'목표'를 갖는 데 성공한 사람들은 성공이 '내가 쌓은 지식과 경험을 사용하는 법'에 있다는 것을 알고 있다. 우선, 목표는 내가 쌓은 지식과 경험의 주제가 된다. 그리고 지식과 경험을 특별하고 세심하게 연결하는 계획에 따라 목표와 가까워질 수 있는 정도가 달라진다. '목표'를 정하는 순간 계획은 이미 시작된 것이며, 이루는 길에 대한 일정한 시야를 갖게된다. 실행하며 공부할수록 시야가 넓어지며 계획은 정교해진다. 최고의 기업에게 선택 받는 범주 안으로 들어가게 된다.

최고의 기업을 선택하고 선택 받으면 일을 즐기게 된다. 인관관계에서도 나의 삶에서도 충실해지고 싶은 마음이 새롭게 채워진다. 그 속에서 앞으로의 더 큰 꿈을 그려나가는 선순환이 된다. 이장의 여백에 당신의 심장이 반응하는 기업을 적어보자. 하나도 좋고 여러 개도 좋다. 만약 기업이 생각나지 않는다면 분야도 괜찮다.

목표는 곧 계획이다. 구체적인 계획이 시작된 것이다. 축하한다. 이 목표를 가지고 앞으로 함께 멋지게 나아가보자.

03 태도 :

저 사람과 일하고 싶다는
마음이 들게 하라

『아무도 가르쳐주지 않는 부의 비밀』의 저자인 오리슨 S. 마든은 이렇게 이야기한다.

"'저 사람은 운이 좋아.'라는 말을 듣는 사람이 있다. 모든 것이 잘 풀려가는 사람의 마음에서는 눈에 보이지 않는 힘이 꿈을 향해 발산되고 있다. 그런 사고의 힘이 강하면 강할수록 모든 것이 조화를 이루며 순조롭게 진행될 것이다."

태도는 내 마음의 방향이다. 내가 '할 수 없다'는 태도를 가지든 '할 수 있다'는 태도를 가지든 그렇게 된다. 그것은 나와 나의 약속이고, 무의식이 내가 인식하거나 인식하지 못하는 모든 수단을 통해 나를 그 방향으로 이끌기 때문이다. 태도는 사람의 기운이라는 것과 일맥상통한다. 기운은 감각으로 느끼지만 눈에 띄거나 보이지 않는 어떤 힘을 말한다. 태도는 자세나 행동 등을 통해 통합적으로 표현되고, 사람의 전체적인 기운을 형성한다.

첫 구직을 하던 기간에 거대한 심리압박을 받았던 기억이 난다. 배운 경험과 지식들을 어디에 사용해야 할지 몰랐던 나, 목표가 없는 나, 이루지 못한 현재의 나. 이 사실들은 도전하려는 나를 끊임없이 부정적인 감정으로 눌렀다. 초마다 그 감정들이 나를 괴롭히는 것 같았다. 잘 되고 있다는 말을 끊임없이 되뇌었다. '할 수 있다.'는 태도를 가지려고 노력했다.

사람은 절박할 때 일을 이룬다는 것을 알고 있다. 그런데 절박할 때일수록 마음의 방향이 중요하다는 것은 모르는 사람이 많다. 실패에 대해 걱정할수록 실패하고, 잘된다고 생각할수록 잘된다. 목표를 이룬 잘된 모습에 초점을 맞추는 것이 올바른 태도이다.

월렌다 효과라는 것이 있다. 고공 외줄 묘기 공연가인 칼 월렌다의 이야기에서 나온 이론이다. 월렌다는 1978년에 은퇴를 위한 작별 공연을 준비했다. 그는 여태까지 공연에서 어떤 실수도 한 적이 없었다. 그런데 작별 공연에서 철저히 실패했다. 그는 와이어 중간 지점에 있었다. 어렵지 않은 동작 2가지를 연기하고 나서, 수십 미터 높이에서 떨어져 생을 마감했다.

'이번 공연에는 실패가 없어야 해.'

월렌다는 이렇게 끊임없이 말했다고 한다. 마지막 공연에서 너무나 성공하고 싶은 나머지, 근심 걱정에 압도된 것이다.

반대로 플라시보 효과라는 것도 있다. 환자가 아무런 효과가 없는 치료를 받더라도 치료 효과를 기대하거나 믿으면 병의 증상이 완화되는 현상을 말한다. 전설의 테너인 엔리코 카루소는 공연 직전에 갑자기 목구멍에 경련이 일어 공연할 수가 없게 된 적이 있다. 그는 관객들이 자신을 비웃을 것이라는 생각에 사로잡혔다. 노래를 할 수가 없었다. 이때 그는 '자신이 스스로 조절해야 한다는 것'을 깨달았다.

"이번 공연은 성공적으로 끝날 거야!"

여러 번 진심으로 반복하니 신기하게도 목구멍 경련이 차츰 가라앉았다. 결국 그는 무대에 올라 성공적으로 공연을 마쳤다.

둘 다 잘하고 싶은 마음에서 출발했다. 그러나 굉장히 사소한 태도의 차이가 극과 극의 결과를 만들었다. 너무 긴장이 될 때는 차라리 잘 안될 가능성을 먼저 인정하는 것이 낫다. 그러면 긴장이 풀린다. 그때 잘 안되더라도 포기하지 않겠다고 다짐하는 것이다. 그럼에도 불구하고 잘할 수 있다고 점진적으로 생각하는 것이 좋다.

평범한 일상 속에 묻힌 긍정적인 기억들을 떠올려주고 나의 태도까지 바꾸는 강력한 말이 있다. 바로 "감사합니다."이다. 이 말 앞에는 '(무언가가) 잘되었다.'라는 의미가 숨어 있다. 감사하다는 말을 무작정 계속하다 보면 감사한 일이 떠오른다. 감사를 말하면 할수록 나의 내면에서 '뭐가 감사하지?'라는 질문이 떠오르기 때문이다.

뇌가 자동으로 있는 것, 잘된 것, 긍정적인 것을 찾는다. 섭섭했던 사람에게서 잘해주었던 기억을 떠올리기도 한다. 그러다보면 용서도 되고 화해가 되기도 한다. 용서와 화해는 내 마음의 자유를 준다. 자유로워진 마음은 내가 원하는 선택을 하도록 허락해준다. 회피했던 일을 다시 해보아야겠다는 마음이 든다. 현실 속에서 좋은 부분을 찾고 더 잘되도록 몰입하는 계기가 된다.

우리의 삶은 분주하다. 내가 뭘 했고 느꼈는지 기억나지 않을 때도 많다. 감사의 내용을 떠올리다 보면 일상의 어느 부분이 가치 있었는지 구체적으로 떠오른다. 감사는 소중한 것들을 소중한 것으로 보고 일상을 가치 있게 인식할 수 있도록 해준다. 감사하지 못할 일을 마주할 때도 있다. 행동하기 싫은 상황에서 감사를 찾고 끌어내는 것은 극복의 동력을 준다. 감사는 누군가가 해줘야만 내가 반응하는 것이 아니다. 스스로 언제든지 할 수 있다. 무한대로 사용할 수 있다. 나와 상대의 마음을 움직이는 세상에서 가장 강력한 말 중 하나다.

면접장에 들어갈 때도 감사 기도를 먼저 했다. 그리고 기회를 준 기업과 속한 분들에게 감사한 마음을 가졌다. 덕분에 면접 기회라는 작은 성공을 얻었다. 감사의 이유를 떠올린 순간 마음에 진심이 가득해졌다. 최선을 다해 그들에게도 의미 있는 시간을 드리고 싶다는 마음이 들었다. 이는 표정이나 몸짓 등으로 표현되었을 것이다.

좋아하는 마음은 말과 모든 면에서 드러난다. 사람의 '자존감'을 충족시켜준다. 몸짓이나 표정, 느낌 등의 의미를 전부 설명하지는 못하지만 이상하게도 기분이 좋다. 감정을 자각한다. 느낌으로 안다. 우리가 흔히 말하는 '꼭 보이는 실력으로 승패가 갈리는 것은 아닌 이유'가 여기에 있다. 분석가 일을 하면서 실무 면접관으로서 사람들을 뽑았다. 면접자들이 어떤 마음으로 오는지 많은 상징을 통해 느껴진다는 것을 깨달았다.

면접장에 들어간 후에는 면접관이 몇 분인지 확인했다. 최대한 개인과 소통하는 것처럼 골고루 초점을 맞추려고 보이지 않는 노력을 했다. 가장 좋은 답변들만 하려고 노력했다. 최대한 솔직하되, 좌절을 안기거나 실망시킬 수 있는 답변, 자격 요건이나 최종 결정권자들을 고려했다. 상대방이 나를 뽑을 수 없게 하는 답변이 나와 고민되게 하는 상황을 미리 방지하고 싶었다. 이미 일하고 있는 직원으로서의 답변을 하고 싶었다.

남편을 만난 이후로 또 하나의 습관이 생겼다. 그것은 바로 작은 성공들에 축하하는 것이다. 어느 날 저녁, 비행을 끝내고 집에 도착했다. 동기 한 명이 홍콩에서 내일 에미레이트 항공 오픈데이가 있는데 같이 가보지 않겠냐고 물어왔다. 그때가 거의 밤 10시 정도 되었을 때다. 당시 나는 월스트리트 회사로의 이직을 준비하는 중이었다. 많이 지쳐 있었다. 승무원 이력서를 업데이트하지 않은 지 오래였다. 시작 시간에 맞춰 준비하고 가려면 새벽 4-5시에는 일어나야 할 것 같았다.

도전하는 삶을 살기로 한 결심을 따르기로 했다. 나에게 정보가 온 것은 기회가 나를 선택했기 때문이라는 생각이 들었다. 교회에 가서 이력서를 업데이트하고 출력을 했다. 새벽 1시였다. 쪽잠을 자고 아침 일찍 동기와 남편과 함께 홍콩행 페리를 탔다. 그날따라 파도가 높았다. 피곤에 배 멀미까지 하며 도착을 하니 녹초였다. 1단계 CV 제출, 암 리치 측정 및 면접관과 스몰토크, 스크리닝을 통과했다. 2단계는 그룹 토론발표였다. 받은 카드로 한 조가 된 사람과 창의적인 제품 만들기였다. 내 카드에는 체리가 그려져 있었다. 일반 면접은 창의적인 제품의 질이 매우 중요하지만, 승무원 면접은 다르다는 것을 경험으로 알고 있었다. 조원과 친해지고, 시간을 잘 지키고, 서로 배려하면서 만드는 것이 중요하다. 발표를 할 때는 한명씩 골고루 눈을 맞추고 여유 있게 웃으면서 이야기 해야겠다고 계획했다. 그런데 잠이 쏟아지기 시작했다. 멍해졌다. 그때 면접관과 눈이 마주쳤다. 떨어졌다.

집에 올 때는 잠에 취해서 어떻게 왔는지 잘 기억이 나지 않는다. 그런데 잠에서 깨고 나니 실패자라는 생각이 들며 너무 슬퍼졌다. 이직의 과정에서 많은 실패를 하는 중이었다. 침대에 엎드려 한참 울었다. 실컷 울고 힘이 다 빠졌을 즈음, 문득 남편이 없다는 사실을 깨달았다.

그때, 거실에서부터 환한 빛이 들어오기 시작했다. 남편이 촛불을 밝힌 케이크를 들고 내 앞으로 왔다.

"나는 실패자야."
"너는 실패자가 아니라 도전자야. 도전 축하합니다."

이 말이 가슴 깊이 남았다. 모든 작은 행동들을 작은 성공들로 인식하고 축하하는 습관이 생겼다. 밥 맛있게 비비기 성공 축하, 이력서 내기 성공 축하, 오늘의 비행 성공 축하.

잘되고 있다고 나에게 말해주기, 감사하기, 축하하기는 내 마음의 태도를 긍정적으로 밝게 만들어주었다. 또한 이미 나는 원하는 환경에 있다고 믿으며 생활했다. 면접에서는 긴장이 되어 잘 안되기도 했다. 그래도 이 태도로 임하려고 계속 노력했다. 면접에서는 사람에게 중점을 두는 태도를 견지했다. 앞으로 업무를 통해 고객의 목적을 잘 이루도록 돕고 싶은 만큼, 면접관 개개인의 목적도 진심으로 내 일처럼 생각하겠다는 마음을 먹었다. 이는 나의 답변에도 고스란히 반영되었다. 태도는 이처럼 그 사람의 많은 것과 앞으로 함께할 방향에 대하여 알려준다. 긍정적이고, 원하는 결과 속에 이미 있다고 믿는 태도를 가져라. 저 사람과 일하고 싶다는 마음이 들게 하라.

04 의사소통 :

나의 경험을
어떻게 표현할 것인가?

"언어는 느낌을 숨기기 위해 디자인되었다."

생물학자인 브루스 립튼이 한 말이다. 의사소통을 제일 간단히 이야기하면 전달하고자 하는 뜻이 서로 통하는 것이다. 많은 사람이 의사소통하면 말하는 것만 떠올린다. 하지만 조금만 더 생각해보면 말만으로 모든 의사를 표현하기에는 부족하다는 것을 금방 알 수 있다.

그렇다. 우리는 사실 온몸으로 우리의 의사를 표현하고 있다. 그 표현을 듣고, 보고, 향기 맡고, 만지는 등 모든 수단을 통해서 뜻을 이해하는 것. 이 과정을 우리는 의사소통이라고 한다.

의사소통을 잘하려면 상대방을 읽을 수 있는 기본적인 개념들을 먼저 알아야 한다.

감각(Sense): 몸이 감각기관 (눈, 코, 입, 피부, 귀 등)을 통해 받아들이는 신호
감정(Emotion): 감각이라는 신호에 기억이나 상황을 덧입힌 것
느낌(Feeling): 감각과 감정을 종합해서 나오는 반응

감각은 오감, 평행감각, 내장감각으로 이루어져 있다. 그중에서도 오감은 우리가 시각, 청각, 후각, 미각, 촉각 등을 이용해 외부를 감지하는 것이다. 감정은 영어로 Emotion(E + motion)이다. E(=out)는 '밖으로 나가다.'라는 뜻이고 Motion은 '움직임'이다. 움직임을 내보내는 것, 즉 '행동하게 하는 요인'이라는 뜻이 된다. 느낌은 이 감정이 표현되기 전에 잡은 것, 즉 알아차린 상태다. 이를 바탕으로 과거나 미래를 예측하고 행동을 결정한다.

예를 들어, 나는 지금 가로수길 전망 좋은 커피전문점에 앉아 있다. 어떤 이성이 나를 쳐다보고 있는 것을 보았다. 시각을 통해 사람을 감지한 것이다. 그 사람은 내가 이상형으로 꼽는 배우를 닮았고, 창가에 앉아 있다. 기억과 상황을 덧입힌 것이다. 감정을 설명하자면 나는 지금 매우 기분이 좋고 입이 찢어지도록 활짝 웃고 싶다. 그때 나는 이 감정을 알아차

린다. 이것이 느낌이다. 내가 지금 입이 찢어지게 웃는다면 창가에 앉아 있는 이성은 나를 이상하게 생각할 것이라는 예측을 해본다. 이성을 보고 활짝 웃는 대신에 창밖 하늘을 바라보며 사색하는 포즈를 취해본다. 느낌을 통해 감정을 그대로 표출하지 않고, 행동을 바꾼 것이다. 이때, 연애 경험이 풍부한 이성이라면 미묘한 표정의 힌트를 알아차릴 것이다. 내가 사실은 웃고 싶지만 쑥스러워서 하늘을 바라보고 있다는 것을 느끼고 나에게 먼저 다가올지 말지를 판단할 것이다. 경험이 부족한 이성이라면 내가 다른 곳을 바라보는 것을 과거에 사람들이 싫을 때 고개를 돌리던 것과 단순하게 연결시키며 슬퍼할 것이다.

이를 면접장에 적용해보자. 시각을 통해 면접장 내부 구성요소, 사람들을 감지한다. 청각, 후각, 촉각, 미각도 필요하다면 사용한다. 상황을 입력하면서 과거 기억과 비슷한 부분이 있는지 찾는다. 기억을 찾으면 그에 맞는 긍정적이거나 부정적인 감정이 일어난다. 만약 일어난 감정이 부정적이라면 자동으로 얼굴 표정이 일그러진다. 하지만, 이를 알아차리고 표정을 다시 웃는 표정으로 바꾼다.

앞서 카타르 오픈데이에 대해 이야기한 적이 있다. 그때 면접관님은 나의 답변을 듣고 아쉬운 표정을 지었다가 다시 웃었다. 그녀는 시각과 청각을 통해 나를 보면서 말을 들었다. 상황과 자신의 기억을 통해 결론 내린 '답변의 질'을 인식했고, 그에 맞는 부정적인 감정이 생성되어 찰나의 아쉬운 표정을 지었다. 하지만 그것을 이내 자각하고 웃는 표정으로 바꾼 것이다.

이제는 언어에 대하여 이야기를 해보자. 의사를 전달하기 위해 사용되는 음성, 문자(기호), 몸짓 등의 수단을 언어라고 한다. 패션 등 외모 또한 자신을 표현하는 언어다. 필자는 내가 나의 내면과 소통한다는 관점에서 볼 때, '감각 및 감정'과 '그것을 자각하고 그에 반응하는 느낌' 또한 언어라고 생각한다.

아기가 태어나면 내장감각이 인지되고 스스로 숨을 쉬어야 하는 상황이 일어난다. 감정이 일어나고 또 자각한다. 여기까지가 나의 내면 대화이다. 그에 대한 반응으로 힘차게 운다. 행동이 나간다. 배고픔, 대소변 같은 생리현상이 일어날 때도 울고 소리를 지르는 것으로 자신의 불편함을 표현한다. 커가면서 안아달라고 손을 뻗는 등 몸짓을 한다. 말을 시작하고, 글도 쓰게 된다.

이렇게 나와 상대의 뜻을 관철 시키는 소통 수단은 말 하나가 아닌 것이다. 우리는 표정이나 패션 같은 외적 요소부터 시작해서 몸짓, 음성, 문자 등 많은 수단을 통해 내가 어떤 경험을 쌓아왔는지를 표현한다. 내가 아는 범위 내에서는 '표현한다.'고 말하지만, 모르고 무의식적으로 혹은 습관적으로 표현되는 부분에 대해서는 '드러난다.'고 이야기하는 것이 맞을 것이다.

그럼 이제부터 본격적으로 말을 통한 의사소통을 하는 법에 대해서 알아보겠다. 의사소통의 첫 단계는 '나를 아는 것'이다. 두 번째 단계는 '상대방이 어떤 사람인지 아는 것'이다. 가장 중요한 것은 공통점을 발견하는 것이다. 이를 이용해 내가 왜 공통의 목적에 부합하는 사람인지 이해시키려고 노력해야 한다. 이 공통점이 경험이다. 아래는 어떤 경험을 이야기하면 좋을지를 판단하는 기준이다.

첫째, 특정 범주 안에서 분석을 통한 판단
둘째, 나와 상대의 내면 (성향, 기분, 주관, 편견, 결심) 혹은 상황을 고려한 직관적인 판단

에어마카오 시험을 볼 때 면접관님 앞에서 얼후에 관한 이야기를 했다. 그 이야기를 하게 된 판단 기준은 중국이라는 특정 범주와 중년 여성이 공통적으로 오래된 것들을 좋아하는 성향을 고려하여 그 경험을 이야기하기로 한 것이다. 나와 상대가 공통적으로 긍정적인 감정을 가지고 있는 기억을 통해, 동질감과 나에 대한 긍정적인 감정을 부르도록 한 것이다.

그렇다면 공통점을 찾을 수 없을 때는 어떻게 해야 할까? 예를 들어, 나는 ABC라는 경험을 가지고 있다. 상대는 DEF라는 경험을 가지고 있다. 상대가 이해하고 원하는 것은 DEF인데 내가 ABC를 계속 고집하면

답답해진다. 대화가 어려워진다. 실제로 사회나 학교생활을 하면서 가장 어려운 것이 나의 생각을 상대에게 이해시키는 것이다. 상대에게 나의 A는 없다. 나는 그 사람이 DEF만 있다는 사실을 고려해야 한다. 이들을 가지고 나의 A를 설명해야 한다. 그때부터 상대는 나의 A를 알게 된다. 필자가 본서 중 '목표: 심장이 반응하는 기업을 선택하라' 부분에서 '내 심장이 반응하는 목표'를 '나만의 연애 이상형'에 비유한 것이 한 예이다.

상대가 알아듣지 못할 경우 왜인지 파악해야 한다. 나의 설명을 다르게 인식한다면 그 또한 이유를 찾아야 한다. 이 과정을 통해 상대가 충분히 이해하고 긍정적인 감정을 갖는다면 성공적인 의사소통 이다.

면접관이 여럿이어도 의사소통은 항상 일대일을 기본으로 한다. 개개인과 어떻게 의사소통을 할 것인지 생각한다. 그러면서도 그곳의 최종 결정권자를 고려한다. 최종 결정권자는 실무 면접관과는 다른 부분을 본다는 점에 유의하라. 그것은 바로 태도이다. 실무 면접관은 항상 일에 바로 투입될 수 있도록 실무적인 부분을 주로 본다. 최종 결정권자는 그 사람의 태도에 중점을 둔다. 여기서 면접관마다 목표가 다르다는 점이 드러난다. 실무면접관은 업무 자체를 잘하는 사람을 뽑고 싶어 하고, 최종 결정권자는 더 큰 시야를 가지고 구성원끼리 조화로운 관리 방면에서의 목표를 달성하려 한다는 것이다. 겸손하고 조화를 이루면서 열정적인 태도를 보여주는 경험을 이야기하면 좋다.

"훌륭한 커뮤니케이터는 상대의 언어를 사용한다."

미디어 전문가 마샬 맥루한의 명언이다. 최선의 답변이란 자격 요건 상 위험성이 없어야 한다. 상대방이 받아들일 만한 것이어야 한다. 앞으로 일을 잘할 것이라는 비전을 주는 것이어야 한다. 목표에 부합함과 동시에 최종 결정권자의 지지를 받아야 한다. 이것이 이상적인 답변이다. 하지만, 도전자의 입장에서는 보는 시각이 조금 다르다. 요건 하나만 연결되어도 도전해보는 것이다. 나의 경험이 어떻게 면접관의 마음을 울릴지 모르기 때문이다.

우리는 '느낌 소통'을 해야 한다. 상대의 질문과 말을 잘 들어야 한다. 상대방의 소통 방식을 파악하고 인식 차이를 알아차린다. 상대가 주는 작은 신호를 최대한 잡는다. 내가 통제할 수 있는 부분에 집중한다. 서로의 공통점을 찾고 그것을 표현할 수 있는 경험을 제시함으로써 내가 서로의 목표에 부합하는 인재라는 것을 어필해야 한다.

상대가 원하는 경험을 파악해라. 같은 것 혹은 상대가 받아들일 만한 것 중 가장 좋은 것으로 보여주어라. 면접관에게 이 사람이라는 느낌을 함께 선물할 것이다.

05 성실함 :

내가 좋아하는 일이
나를 성실하게 만든다

"인간은 살면서 오직 한 가지만 추구한다. 자신의 즐거움!"

윌리엄 서머싯 몸의 명언이다.

목표에 도달하기 어렵게 느껴진다면, 계속 하고 싶은 마음보다는 미루고 싶은 마음이 든다. 현 상태를 유지하고 싶은 뇌에서 어려운 부분들, 안 되는 이유들, 더 급한 것들 등을 계속 보내면서 하지 말라고 설득하기 때문이다. 처음부터 막힐 수 있다. 중간에 방향을 잃고 헤메기도 한다. 마지막에 낙담을 하기도 한다. 앞서 이야기했듯이 감정은 행동의 원천이다. 부정적인 감정은 나를 멈추게 한다. 학식이 높은 사람들, 재능이 뛰어난 사람들, 좋은 기회를 얻은 사람들이 실패하는 일은 비일비재하다. 이처럼 성공으로 가는 길 곳곳에 장애물이 있다. 이들을 넘으려면 특별한 힘이 필요하다. 바로 성실함 말이다.

우리는 이미 성실하다. 어떻게 성실한지 잘 생각해보자. 아무리 바빠도 나를 즐겁게 하는 영상이나 책은 시간을 내어 보고 읽는다. 아무리 바빠도 나를 위해 놀러간다. 요컨대, 좋아하는 일을 할 때 성실하다. 단기적으로 보면 시간대도 요일도 다르고 규칙적이지 않아 보일 수 있다. 하지만 목표를 달성한다.

장기적인 관점에서 보면 우리는 이 작은 성공들을 평생 동안 지속하고 있다. 이 원리에서 시작하여 어떻게 목표를 이룰 때까지 실행을 지속할 수 있을지 연구하면 길이 보인다.

왜 좋아하는 일이 성실하게 할까? 좋아하는 일은 긍정적인 감정이다. 그 자체가 몰입, 좋은 관계 (내가 원하는 것을 줌으로써 나와 나 사이에 형성한 좋은 관계), 의미, 성취를 의미한다. 행복의 요소들을 갖춤으로써 짧은 긍정적인 감정이 아닌 밝은 기분을 만들어내고 계속 행동하게 한다. 우리는 좋아하는 일을 하면 그것에 남들보다 더 몰두하고 더 오래 연구할 수 있다. 그러면 양적인 것들이 쌓여 질적인 변화가 더 빨리 일어난다.

무슨 일을 하든지 우리는 여러 장애를 극복해야 한다. 지인, 친구, 친척 심지어 가족들의 부정적인 암시와 나 스스로 느끼는 마음과 체력의 한계 등 말이다. 우리는 안정적으로 성장하기를 원한다. 그러나 현실은 이상과는 다르다. 모든 상황 속에는 불안성이 있다. 삶은 불확실하다. 그 안에서 긍정적인 부분과 성장의 가능성을 보고 옅은 안정감을 느끼며 가는 것이다. 성실하지 않으면 끝까지 가기가 어렵고 끝을 맺기도 어렵다. 결과가 없다. 성실의 끝은 결과다. 성공이다.

성실함이란 무엇일까? 백만장자 사업가인 타이 로페즈는 성공의 요소 중에 성실함(Conscientiousness)이 가장 큰 비중을 차지한다고 했다. 그 성실함은 'HEXACO'의 기준에 따라 다시 4가지 구성 요소로 나뉜다.

1. 체계성 (Organization): 일에 체계적으로 접근하는 것

2. 근면성(Diligence) : 열심히 일하는 것

3. 완벽주의(Perfectionism): 철저히 세부 사항을 신경 쓰고, 더 나은 방법이 있는지 살피는 것

4. 신중성(Prudence): 결과를 예측하며, 충동적인 선택을 자제하는 것. 자신의 선택지에 대해 신중한 것

많은 사람들이 '성실'이라는 단어를 생각할 때 열심히 일하는 장면을

떠올린다. 위의 내용에 따르면 열심히 일하는 것은 성공하는 데 25%밖에 되지 않는다. 얼마나 체계적인지, 얼마나 세부적이고 철저한지, 얼마나 선택지에 신중한지에 따라 성실도가 올라간다는 것이다. 요컨대, 제대로 열심히 해야 한다는 뜻이다. 필자는 위의 네 가지 요소를 꽤 오랫동안 벤치마킹했다. 목표에 대하여 신중하고 체계적인 계획을 세우고, 세부 사항을 체크하고 열심히 실행하기 위해 노력해왔다.

실행하며 경험과 지식을 쌓기 시작했다. 승무원을 준비할 때 열정이 넘쳤다. 체계적이거나, 철저하지는 못했다. 직접 최고의 기업을 고르는 등 신중하려고 노력했다. 될 수 있는 한 많은 양의 정보를 모았다. 일정한 양이 쌓이면 질적인 발전이 이루어진다는 헤겔의 '양질 전환의 법칙'이라는 것이 있다. 승무원 때는 자료의 양을 많이 모으기 위해 노력했다. 시간이 지나니 질이 좋아지기 시작했다.

분석가를 준비할 때는 체계적으로 할 일 목록을 만들었다. 검색을 하면서 면접 대화 내용들을 분석했다. 잠재 고객군이나 회사 사람들이 어떤 질문을 올리고, 어떤 답변을 하는지 보았다. 스스로 어떤 것이 더 필요한지 질문해가며 면접 자료 초고를 완성했다. 나의 경험들을 녹여 자료의 질을 강화했다. 그리고 다시 간결하게 바꾸는 작업을 했다. 수정을 반복하며 면접관들을 고려한 답변을 만들었다. 경험과 지식이 쌓이면서 나만의 지혜와 규칙이 계속 생성되었다.

현재는 스스로 성실의 기준을 만들어 사용하고 있다. 아래의 '성실의 다섯 요소'로 되어 있다. 잘 진행되고 있는지 확인할 때, 질문들을 사용한다.

열정: "나의 목표는 무엇인가?", "이 목표를 가진 이유는 무엇인가?", "목표를 이루었다면 지금 무엇을 하고 있을까?"

계획: "어떤 더 나은 대안이 있는가?"

실행: "목표를 달성하기 위해 무엇을 완료했는가? 무엇을 하고 있는가?"

반성: "실패의 원인은 무엇인가?"

책임: "성공하려면 어떻게 해야 할까?"

첫 단계는 열정이다. 열정의 영어단어는 'Enthusiasm'이다. 그리스어인 '안에(En)'와 '신(Theos)'에서 유래되었다. 어원적으로 '우리 안에 있는 신'이라는 뜻이다. 소위 신들린다고 하는 말과 같은 뜻이다. 심장이 반응하는 목표를 택함으로써 열정적인 감정이 일어나고, 행동을 부른다. 택한 이유를 상기시키고 마음에 이룬 나의 모습을 품어 동기부여를 한다.

계획은 지금의 내 위치와 목표를 확인하고 그 사이를 점으로 잇는 것이다. 이것을 더 자세히 설명하면 환경을 바꾸며 목표에 계속 다가가는 것이다. 환경이 바뀌면 시야가 확장된다. 이미 목표를 이룬 사람의 계획,

여러 계획에서 얻는 패턴 등을 보면 나의 현 위치를 파악할 수 있고, 더 나은 대안을 발견할 가능성도 커진다. 더 나은 대안이 있는지 지속적으로 탐색한다. 대안의 일부분 혹은 전체를 추가한다. 필요 없어진 부분을 삭제한다. 계획이 점점 정교해진다.

실행은 무엇을 완료했고 또 하고 있는지 확실하게 인식하는 단계다. 반성의 소재들을 찾아내는 단계이기도 하다. 반성은 실수와 실패의 원인을 찾는 단계다. 책임 단계에서는 솔루션을 만든다. 끈기와 인내가 필요하다. 빨리 답을 내고 싶지만 많은 상황을 읽고 또 내 답을 도출하는 데 시간이 걸릴 수 있기 때문이다.

열정적으로 시작할 때, 신중하게 세부 사항을 고려하여 체계적인 계획을 만들 때, 미루고 싶은 이유들이 솟아나기 전에 실행할 때, 핑계보다 반성이 더 많아질 때, 남들과 비교하지 않고 책임감 있게 '목표를 이룬 나'를 품고 끝까지 해 낼 때 그것을 '성실'이라고 한다.

좋아하는 일을 하면 성실해진다. 성실이 곧 성공이다. 성실이 어려운 이유는 바로 이 때문이다. 성실은 성공 그 자체를 의미하기 때문이다. 다른 사람이 이를 수 없는 경지에 이르는 것이다. 무엇이 되고 싶다면 이미 된 것처럼 생활하라. 마치 내가 이뤄낸 것처럼 행동하라. 이것이 '끝에서 시작하는 기술'이다.

목표에 이르는 과정은 어려움과 귀찮음으로 가득하다. 하지만 이를 덤

덤하게 받아들이게 하는 것이 성실이다. 끈기 있게 하다 보면 하고 있는 일을 더 사랑하게 된다. 사랑하게 되면 새로운 끈기가 발현한다. 이런 신비한 두 힘을 따라 계속 가다 보면 깊어진다. 그리고 남이 이르지 못하는 경지에 이른다.

할 수 있는 만큼만 짧게 시작해서 점점 길게 지속시간을 늘려가라. 지쳤을 때 동기부여를 할 수 있는 나만의 방법을 찾아라. 쉬었다 가라. 감정을 기쁨으로 바꾸는 나만의 방법을 찾아라. 과정에서 오는 어려움과 귀찮음 그리고 지침을 견디거나 극복할 수 있는 나만의 방법을 찾아라. '나만의 지속 방법'을 찾아라. 왜 성실해야 하는지 자문하라. 왜 좋아하는 일이 성실하게 하는지 다시 상기하라. 당신이 좋아하는 일은 무엇인지 지금부터 생각하라. 열심히 하는 것만 성실이라는 오류에서 벗어나라. 제대로 하는 것이 더 중요하다.

당신만의 규칙을 세워라. 성공이 당신의 것이다.

06 준비성 :

나의 약점을
어떻게 이해시킬 것인가?

'모두에게 최고의 선택은 무엇일까?'

개인을 상대에게 각인시키기 위해서는 강점에 주력하는 것이 좋다. 그런데 조직은 약점이 더 적은 것을 관리 방면에서 선호한다. 약점을 고를 때 면접관이라면 어떻게 답변했을까를 생각해보면 좋다. 그리고 누가 들어도 받아들일 만한 것이 좋다.

9년의 대학생활을 했다. 세상은 거대하고 범접할 수 없는 높은 벽처럼 보였다. 다른 사람들은 일하고 있는데 나는 아직 학생이었다. 오랫동안 학생 신분인 것은 '약점'이었다.

내가 할 수 있는 '뭔가'를 해야겠다는 결심을 했다. 하지만, 목적 없이 바라본 세상은 복잡해 보였다. 무얼 먼저 봐야 할지 몰랐다. 매일 같은 길을 지나고 같은 생활을 하면서 배움을 얻을 수 있을까? 무엇을 배워야 할지도 몰랐다.

돌이켜 보니 중요한 것은 배우겠다는 '결심'이었다. 아주 작게라도 나만의 기준을 정해야겠다고 생각했다. 이 결심을 한 이후부터 나의 뇌는 아직 명확하지 않은 '어떤 배움'을 무의식적으로 찾기 시작한 것 같다.

중국에서 대학생활을 하던 어느 날, 야시장에 갔다. 그곳에는 여느 때와 같이 시계, 가방 등의 물건들을 팔고 있었다. 둘러보고 있는데, 중국 전통그림 가판대가 보였다. 왜인지는 모르겠지만 그날따라 그림이 끌려서 유심히 보았다. 색이 화려하고 내용이 조밀한 그림들이 꽤 많았다. 순간 의문이 들었다.

'이 화려하고 조밀한 그림들은 왜 정갈하게 보일까?'

가판대 끝 쪽에 있던 매화 그림이 왠지 마음에 들어 하나를 샀다. 얼마 뒤 학교에서 교양과목을 듣고 있었다. 중국 차 관련된 수업이었는데, 강의 슬라이드에서 관련 그림들이 나왔다. 교수님은 그림을 바탕으로 차에 대해 설명을 해주셨다. 그리고 여담으로 찻잎들과 등장인물들이 복합적으로 잘 어우러진 하나의 풍경이 참 멋지다고 하셨다.

그때 갑자기 깨달았다. 화려하고 조밀하게 채워진 그림이 정갈해 보였던 이유를 말이다. 복합과 통일이었다. 하나하나 개성이 있지만 하나로 통일된 그런 느낌. 나의 약점들도 내 인생의 방향에 맞게 정리하고 보완하면 여러 경험의 복합체인 나를 멋지게 표현할 수 있는 구성원이 될 것이라는 확신을 갖게 되었다.

내 약점이 될 만한 것들을 정리하기 위해 아래의 단계를 거쳤다. 첫째, 약점의 정의를 살펴보았다. 약점이란 모자라거나 뒤떨어진 부분을 말하는 것이다. 둘째, 나의 어느 부분이 약점인지 살펴보았다. 의식의 흐름대로 써내려갔다. 자신 없는 부분, 죄책감을 가지는 부분 등등. 셋째, 약점으로 확정하기 전 극복 여부 혹은 극복 가능 여부를 보았다. 극복한 습관을 먼저 분류했다. 손톱을 뜯는 버릇은 고치고 싶어도 못 고친 것이면서, 서비스를 하는 사람에게는 보이는 중요한 부분이었다. 면접을 보면서 매니큐어를 발랐고 그 오랜 습관을 극복했다. 목적과 환경의 제어를 통한 극복이었다. 극복 가능 여부를 생각할 때는 아직 진행 중이고, 극복 방법이 있는 것들을 찾았다. '감정적'으로 해결해야 하는 부분이 있고 '논리적'으로 해결해야 하는 부분이 있다. '나는 끈기가 부족하다'와 같은 약점을 생각했다면 감정적인 해결이 되어야 한다.

첫 단계는 내 생각을 바꾸는 것이다. 그리고 두 번째 단계는 어떻게 하면 끈기가 부족한 것을 보완할 수 있을지 찾아보는 것이다. 생각을 바꾸어서 되지 않는다면 환경을 바꾸어야 한다.

무모함, 과함, 조급함을 나의 장점으로 인식했다. 무모하고 과한 부분이 있었기 때문에 월스트리트 회사에 가겠다는 목표를 받아들일 수 있었다. 조급한 마음이 있었기 때문에 잠도 안 자고 시간이 날 때마다 인터넷을 뒤져서 자료를 빠르게 찾은 것이다. 열등감, 불안감, 무력감을 지금의 나를 있게 해준 강점으로 인식했다. 이 감정을 오래도록 겪었다. 참을 수 없을 즈음, 벗어나고 싶어서 목표를 찾아 나섰다. 나중에 알프레드 아들러의 『인간이해』를 읽다가 '열등감, 불안감, 무력감은 삶의 목표를 세우게 하고 그 목표가 구체화되도록 돕는다.'라는 구절을 보았다. 내가 그토록 열심히 할 수 있었던 이유가 사실은 싫어했던 이 감정들에 기인했다는 것을 이해하게 되었다. 나에게 오는 모든 것은 나를 돕기 위해 온다는 생각을 하게 되었다.

언제나 인식을 바꾸는 방법을 사용하는 것은 아니다. 논리적인 해결이 필요한 부분은 수치적인 점수를 상향시킨다거나 혹은 대체 가치를 찾아보는 것이다. 스스로 공부하거나 전문가의 도움을 받아야 한다. 혹은 점수 대신 다른 것으로 어필할 수 있는지도 찾아보아야 한다. 예를 들어 영어 시험 점수가 필요하다면 그 점수를 획득하는 것이 이상적이다. 필요 점수를 아직 얻지 못했다면, 점수를 얻을 수 있는 계획을 갖추어놓아야 한다. 만약 대체 가능한 가치가 있어 제공할 수 있다면 미리 준비해놓는 것이 좋다. 예를 들면 외국 체류 경험 같은 것들 말이다.

당신은 약점이 몇 개라고 생각하는가? 약점은 몇 단계로 분류할 수 있을까?

첫째, 플러스가 될 수 있는 약점
둘째, 노출해도 무방한 약점 혹은 고칠 수 있는 일반적인 약점
셋째, 치명적인 약점

플러스가 될 수 있는 약점이라는 것은 심리학 용어중 하나인 '엉덩방아 효과'에서 힌트를 얻었다. 1966년 심리학자인 앨리엇 애런슨(Eliott Aronson)이 실험을 통해 증명한 것이다. 이 효과는 '흠집 효과'로 불리기도 한다. 완벽해 보이는 사람이 살짝 약점을 보임으로써 인간미가 들어가 호감이 상승하는 것이다. 완벽해 보이는 사람이 긴장해서 음료를 엎질렀는데 그것이 더 큰 호감을 불러 일으켰다는 연구에서 나온 이론이다.

노출해도 상관없는 약점이 있다. 예를 들면 나는 요리를 잘하지 못한다. 이것은 승무원이나 분석가 일을 할 때 큰 관련은 없다. 하지만 만약을 대비하여 보완법을 항상 가지고 있어야 한다. 예를 들어, "요리는 잘

못하지만 부모님이 좋아하시는 미역국은 잘 끓입니다." 같은 답변 말이다.

일반적인 약점은 대체로 업무 일반에 관련된 약점이다. 나는 완벽주의자라든가 하는 것 말이다. 이 약점의 대처법을 알고 있어야 한다.

치명적인 약점은 요리사가 요리를 못한다던가, 금융회사를 다니면서 숫자를 자주 틀린다던가 하는 것을 말한다. 말 그대로 치명적이다.

치명적인 약점인데도 강점이 되는 사례도 있다. 매우 노력해서 어느 순간 잘하는 사람이 되는 것이다. 예를 들어, 피아니스트에게 한쪽 손이 없는 것은 치명적인 것이다. 그런데, 노력해서 작품을 두 손으로 치듯이 잘 치는 피아니스트들이 있다. 약점이라고 생각했는데 '왜 이렇게 잘해?'로 바뀌는 순간 경이로움을 느낀다.

이렇게 약점은 치명도와 극복 여부로 나눌 수 있다. 그리고 약점은 드러나는 정도에 따라 다시 두 종류로 나뉜다.

첫째, 말 안하면 모르는 약점
둘째, 말 안 해도 어쩔 수 없이 알게 되는 약점

'자신만의 약점 보완 방법'을 알고 있어야 한다. 그렇지 않으면 공격을 당하는 민감한 문제가 될 수 있다. 말 안 하면 모르는 민감한 부분들은 기본적으로 말하지 않는 것이 지혜다. 말을 할 수밖에 없는 약점이라면 상대가 받아들일 수 있도록 논리적인 접근을 하는 것이 좋다. 필자는 아래의 질문을 통해 '약점을 통한 배움'을 정리한다.

무엇을 배웠는가?
어떤 성과를 냈는가?
어떻게 성장했는가?

혼자 있는 시간을 가지기를 추천한다. 필자는 의도적으로 혼자 있는 시간을 만들고, 그 시간동안 많은 답을 얻는다. 스스로를 채우는 일들을 한다. 좋아하는 책을 읽고 사색을 한다. 나와의 관계를 돌아본다. 그리고 다른 사람과의 관계도 돌아본다. 진실된 시간을 보내기에 참 좋다. 나에게 주는 최고의 선물이다. 과정에서 내가 약점이라 생각했던 대부분은 그다지 약점이 아니라는 사실을 알게 된다. 최고의 기업에 도전하기로 마음을 먹었다면, 오직 상대가 내 장점들을 보게 하는 데 집중하게 하기로 마음먹는 것이 중요하다. 그리고 장점들을 중심으로 회사를 찾는 것이다. 이렇게 하면 내가 가는 길이 내 장점에 '최적화가 된 상태'가 된다.

시작을 하고 준비를 하면 웬만한 작은 약점들은 나의 마음을 바꿈으로써 미리 해결된다. 대안을 찾음으로써 더 이상 약점이 아니게 만들 수 있다. 그렇다. 이 모든 작업을 하는 이유는 약점이라고 생각하는 것이 약점이 아니라는 것을 이해하기 위해서이다. 나 자신을 설득함으로써 약점을 약점으로 여기지 않으면 상대도 약점으로 보지 않는다. 이 일련의 작업은 누구도 아닌 나를 설득하기 위한 것이다. 나의 약점을 내가 이해하면 상대 또한 자연스럽게 수긍하게 된다.

나의 약점을 나에게 먼저 이해시키고 상대에게 이해시키자.

07 외모 :

단정한 외모가
나를 설명한다

하나의 이미지는 많은 상징을 담고 있다. 상징들을 표현하기 위해 외모표현도 여러 방면으로 응용되고 있지만, 사회생활에서 그 기본은 '단정함'이다. 그렇다면 단정함이란 무엇일까? 절제되고 질서 있는 것을 말한다. 외모란 무엇인가? 겉으로 드러나 보이는 얼굴, 몸, 피부 등을 외모라고 한다. 보이는 부분이 절제 있고 질서 있는 것을 '단정한 외모'라고 한다.

뷰티 프리미엄과 메르비안의 법칙. 이 2가지는 외모가 사회에서 어떤 의미를 가지는지를 설명해 준다. 뷰티 프리미엄은 경제학 용어다. 외모가 더 나은 사람이 고용될 확률이 높다는 것이 많은 연구를 통해 입증되었다. 메르비안의 법칙은 55:38:7의 법칙으로도 불린다. 사람은 55%의 시각적 요소와 38%의 청각적 요소와 7%의 언어적 요소에 의해 설득된다는 유명한 연구이론이다. 이처럼 외모는 상대를 볼 때 차지하는 비중이 절반이 넘고, 잘 활용하는 사람에게 이득이 된다.

'어느 정도까지 예쁘고 잘생겨야 하는 것일까?'

필자는 이목구비가 예쁘고 잘생긴 것과 단정하다는 것을 먼저 분리해야 한다고 생각한다. 원래 타고난 것과 가지고 있는 것을 가지고 질서 있게 하는 것은 다르기 때문이다. 면접에서 가장 잘 어울리는 인상을 필자는 아래와 같이 정의한다.

첫째, 단정한 외모
둘째, 진정성 있는 표정과 목소리
셋째, 바른 자세

단정한 외모는 호감을 불러일으킨다. 깔끔한 머리, 자신에게 맞게 소화한 건강한 피부 표현, 깔끔하게 정리된 눈썹, 목표한 이미지에 맞게 표현된 눈 화장, 항상 발라져 있는 입술, 깨끗하게 다린 옷과 잘 닦여진 신발, 깨끗하게 정돈되고 잘 발라진 손톱 그리고 이 모습이 언제 어디서나

지속될 수 있도록 신경 쓰는 것. 단정한 요소들이 모여 한층 고급스러운 이미지를 만든다.

'고급스러움'이란 무엇일까? '진정성'과 '정성'이다. 자신이 가진 가장 좋은 것으로, 최상의 질서를 만드는 것이다. 세심하고 정성스럽게 그 모습을 만들려는 태도 자체에 이미 고급스러움이 있다. 편안한 인상에는 부드러움이 들어가는데 그 정도는 나라마다 다르다. 기본적으로 부드러운 인상은 긍정적이고 낙천적인 태도에서 비롯된다.

외모적인 아름다움의 시작은 피부에 있다. 규칙적으로 잘 씻는 것이 중요하다. 좋은 혈색을 위하여 과일과 채소를 많이 먹고 충분히 자는 것 또한 중요한 기본이다. 상냥하고 정중한 말투 또한 훈련을 통해 나오는 것이다. 바른 자세는 잡는 법이 있다. 턱과 목 사이에 탁구공이 하나 있다고 상상한다. 어깨와 귀는 멀게 한다. 어깨가 일자가 된다는 느낌으로 펴준다. 명치를 들면 가슴이 펴진다. 바른 자세는 나에 대한 배려임과 동시에 상대에 대한 배려다. 내 몸이 가장 최적화된 동작을 할 수 있는 기본을 취한 것이고, 보는 상대방이 거슬림 없고, 편안하고, 활력을 얻을 수 있기 때문이다.

이렇게 여러 요소들이 모여 나를 설명한다. 전체적으로 '나를 설명하는 외적 요소'는 아래와 같다.

외모: 피부, 얼굴형태, (시간, 장소, 상황별) 복장, 머리 모양, 화장, 향수, 화장품, 장신구, 청결

목소리: 말투, 말의 속도, 톤, 발음, 음질, 음색, 리듬

자세: 서 있는 자세, 걷는 자세, 응대 자세, 경청 자세

제스처: 머리 움직임, 끄덕임, 얼굴 표정, 미소, 시선 접촉 및 처리, 눈의 움직임, 그 외 손발의 표현

또한, 상대에게 '강렬하게 남는 3가지 외적 인상'은 아래와 같다.

첫째는 첫인상이다. 우리는 한번쯤 외모로 사람을 평가한다는 이야기를 들어본 적이 있을 것이다. 그 이유는 첫인상과 관련이 깊다. 평가를 하게 된 기본 자료를 들여다보면 강렬한 첫 만남 그리고 시각적인 부분이 큰 비중을 차지한다.

둘째는 미소이다. 미국의 작가인 오그 만디노는 미소를 '세상에서 가장 아름다운 행위 언어'라고 하였다. 이것 하나만으로도 상대에게 웃음과 감동을 줄 수 있다는 것이다. 미소는 소통에서 사람과 사람을 잇는 보이지 않는 연결 고리의 역할을 한다. 미소는 큰 긍정 에너지를 상대에게 즉각적으로 전달하여 상대가 같은 에너지 형태인 미소를 짓도록 자극한다. 이 에너지가 오고 가면서 긍정 에너지로 강하게 연결되고 사이가 좋아진

다. 미소는 진정성에서 온다. 진정성 있는 미소 하나만으로도 많은 관계를 풀 수가 있다. 사람은 웃으면 더 빛난다. 웃으면 자신 있어 보이고 여유로워 보인다. 딱딱한 분위기를 부드럽게 한다. 상대를 기운 나게 하고, 상대의 호감을 얻게 한다.

셋째는 마지막 인상이다. 한사람이 아직 낯설 때에는 첫인상이 강렬하게 남는다. 그러나 그 사람과 친숙해 질수록 최근의 모습이 남는다. 예를 들어, 첫 면접에서는 첫인상이 강렬하게 남을 가능성이 있다. 그러나 면접 차수가 거듭될수록 최근의 모습에 대해서 생각하게 된다.

조금 더 깊숙이 들어가보자. 인상에 관한 이야기를 조금 더 깊이 해보려고 한다. 나의 내면이 정돈될수록, 나의 외모는 단정해진다. 이는 좋은 인상을 만든다. 요컨대, 한 사람의 인상은 그 내면 세계의 표현이다.

『심연』의 배철현 저자는 '아름다움은 자신이 반드시 해야 할 일을 깨달아 알고 그것을 행동으로 옮길 때 자신의 몸에 배어들기 시작하는 아우라를 말한다.'라고 의미를 풀어냈다. 당신의 해야 할 일을 깨달아 알고 있는가? 아니면 아직 찾고 있는가? 아직 찾을 생각을 하지 못했는가? 그것을 찾아 나서는 순간 이미 그 사람은 아우라가 생기기 시작한다.

김태광 저자는 『독설』에서 '가장 빈번하게 마음속으로 떠올리는 것이 현실이 된다. 지금 당신이 하고 있는 일, 소유하고 있는 것들, 만나고 있는 사람들은 과거에 당신이 가장 빈번하게 떠올렸던 것들이다.'라고 전한다.

우리의 외모는 화장을 하고 드라이를 해서 있는 것에 변화를 주는 것만으로 다 설명되지 않는다. 내면에서 일어나는 작용이 외모를 계속해서 만든다. 나는 내가 가장 많이 생각하는 모습이 되어간다. 당신이 지금 머릿속에 가장 많이 떠올리는 것이 무엇인가? 그 생각이 내 외모를 실질적으로 바꾸어주는 설계도이다. 분위기를 형성하고, 외모 자체를 서서히 바꾼다.

이 작용은 또한 외적 표현에도 영향을 미친다. '원하는 것을 이룬 결말 속에 산다'고 생각 하면서 외모 표현을 해보기를 추천한다. 반복할수록 원하는 결말에 익숙해진다. 원하는 목표에 맞게 더욱 자연스럽게 표현을 할 수 있다. 외모의 롤 모델을 한 명 정해놓으면 좋다. 그 사람을 따라 연습하다 보면, 어느 정도 비슷해진 나의 모습을 발견하게 된다. 여기서 중요한 것은 '나는 안 돼.'가 아닌 '나도 가능해.'라는 마음가짐을 갖는 것이다. 월렌다 효과와 플라시보 효과를 다시 상기하기를 바란다.

나의 목적과 목표를 깨달아 알고 그에 대한 생각으로 마음을 가득 채운 사람은 그 모습이 되어 간다. 나의 외모는 내 생각의 표현이다. 내가 원하는 이미지를 계속 보면서 마음으로 떠올리면 어떨까? 그것을 닮아 가게 된다. 당신이 지금 하고 있는 일에 감사하라. 가지고 있는 것에 감사하라. 함께하는 사람들로 인하여 감사하라. 사람으로 인하여 힘든 중 이라면, 그 안에서 어떻게 하면 좋은 관계에 대한 힌트를 얻을지 생각하라. 힌트를 얻고 해결되면 그 문제는 더 이상 당신에게 오지 않는다. 한 층 더 편안한 모습이 외적으로 표현될 것이다.

상황에 대한 당신의 태도와 생각이 외모를 형성한다. 당신이 오늘 가지는 느낌을 상대가 당신을 볼 때 똑같이 느낄 것이라고 인지해보라. 좋은 생각을 하라. 그것이 내면을 질서 있고 단정하게 해준다. 롤 모델을 한 명 정해서 할 수 있는 만큼 따라 꾸며보기를 바란다. 하다 보면 더 좋은 느낌이 오는 나만의 방식이 생긴다.

당신은 아름답고 귀하고 빛나는 존재다. 자신만의 결을 잘 살려서 질서 있는 외모 표현을 하기를 바란다. 당신에 대한 설명은 그것으로 충분할 것이다.

기억하자. 단정한 외모가 나를 설명한다.

08 유연성 :

서비스맨이 가진
최고의 장점이다

뷰카(VUCA)는 변동성(Volatile), 불확실성(Uncertainty), 복잡성(Complexity), 모호성(Ambiguity)의 약자다. 세계의 동향이나 기업경영 방면에서 자주 언급되던 말이지만, 코로나가 발발하면서 다시 대두된 개념 중에 하나다. 많은 학자들 중 코로나를 예측하는 사람은 없었다. 지금 세상은 큰 변동성, 불확실성, 복잡성, 모호성을 가지고 움직인다. 그리고 개인이 빛나는 시대다. 유연성은 이를 대처하기 위해 필수적이다.

유연하다는 것이 어떤 의미인지 깨닫고, 역할은 무엇이고, 유연하게 행동하려면 어떻게 해야 하는지 배워야 한다. 그러면 이 사람이 어떻게 행동했는지, 왜 그렇게 했는지 그리고 이후에는 어떻게 행동할 것인지까지 알 수 있다. 유연성이 높아지면 쉽게 예상할 수 없는 상황이나 행동이 나왔을 때도 빠르게 수긍하고 대처할 수 있는 것이다.

유연성이란 무엇인가? 부드럽게 대처하는 정도를 말한다. 유연성이 높으면 개인이 안전하고, 사이가 화목하고, 어려움을 해결한다. 유연성의 다른 말은 존중이다. 상처주지 않고 상처받지 않는 것이 기본이다. 상대도 좋고 본인도 좋으면 최상이다.

유연성은 일종의 지혜다. 지식과 경험이 맞물려서 터득하는 것이다. 지식은 이미 있는 것이고 타인으로부터 온 것이다. 책을 통해 얻을 수 있다. 저자들의 지식과 경험을 바탕으로 한 깨달음을 적은 것이 책이다. 전문가를 통해 얻을 수도 있다. 책에 쓰여 있는 내용보다 더 자세하게 알수 있다.

세상에 지식은 늘어간다. 그런데 지혜는 그렇지 않다. 지혜란 경험을 통해 이미 가진 지식이 고차원적인 사고 혹은 행동양식으로 새롭게 창출되는 것이다. 유연함의 바탕은 경험이다. 경험을 많이 쌓으면 자연스럽게 뇌가 부드러운 상황별 대처 방법을 생각한다. 많이 겪은 만큼 유연하다. 많은 사람들이 아직도 코로나 이전의 삶의 방식을 고수한다. 마음고생을 하고 있다. 유연성을 가진 사람은 현재를 다시 빠르게 판단한다. 그리고 지금의 세를 파악하며 계획을 다시 짠다. 그에 맞는 경험을 하면서 새로운 지혜를 얻는다. 유연해진다. 유연성을 높이기 위해 열린 마음이 필요하다. 모든 좋고 나쁜 상황에 애정을 갖는 것이다. 이해하고, 공감하고, 배려하고 배우겠다는 마음을 갖는 것이다. '3가지 단계'를 알아야 한다.

유연성은 나 자신을 아는 것에서 시작한다. 첫 단계다. 한자리에 앉아 진짜 나를 알 수 있는 범위는 작다. 움직이고 상황을 마주해서 느껴야 한다. 내가 좋아하는 것, 싫어하는 것, 내가 무엇을 하고 어떻게 반응하는지를 알아간다. 그것들을 적으면서 객관적인 내 모습을 볼 수 있다.

『정상에서 만납시다』의 저자 지그 지글러는 나의 출발점을 알기 위해 취해야 할 단계에 대해 언급한다.

첫째, 언제 잠이 깨고 자리에서 일어나는지, 그리고 언제 생산적인 일을 하는지 기록한다.

둘째, 점심 시간, 커피 마시는 시간, 개인적인 휴대폰 사용, 그리고 기타 사적인 문제 때문에 소비하는 시간을 기록하라.

셋째, 내가 실제로 공부를 하거나 업무를 하는 시간, 그리고 성적 또는 실적에 대해 기록하라.

넷째, 하루의 황혼 무렵에 소비한 시간에 대해 내용을 기록하라.

자신의 시간을 어떻게 사용하고 있는지 객관적으로 볼 수 있다. 한번 정리를 해본다면 자신만의 시간 계획을 세우는 데 도움이 될 것이다. 필자는 혼자 있는 시간을 고요하게 있으려고 한다. 경험상 그때에 내가 받아들였던 모든 것이 서로 연결되기 때문이다. 어느 순간 깨달아지고 나만의 답을 내릴 수 있다. 평소에는 보고 듣고 말하고 쓴다. 보고 들은 것은 그때는 많은 것을 얻은 것 같지만, 시간이 조금만 지나도 기억나지 않는 경우가 대부분이다. 중요한 내용은 글로 써야 한다.

질문을 던져놓는다. 답은 바로 나올 수도 있지만 그렇지 못한 경우가 더 많다. 나는 그 질문을 잊어도 나의 뇌는 그 질문을 잊지 않는다. 시간이 흘러 어떤 상황을 대면할 때, 예전 기억과 맞물리면서 답이 떠오른다. 질문을 던져놓는 방법은 2가지이다. 말로 하거나 써놓거나. 가볍게 질문을 툭 던지듯이 소리 내어 뱉고, 내 귀로 듣는다. 무심하게 툭 던져놓으면 무의식적으로 답을 찾는 장치가 발동된다. 더 좋은 방법은 노트를 하나 가지고 다니면서 쓰는 것이다. 필자는 세세한 질문들을 다 적어놓는다. 나중에 질문들을 다시 보면 이미 답변이 상당수 나왔다. 왜인지 이해하지 못했던 부분들이 연결되고 나의 모습이 발견된다.

유연성을 높이는 두 번째 단계는 '나만의 기준을 정하는 것'이다. 참고로 필자의 내면을 지키는 기준은 '기쁨과 감사'를 유지하는 정도에 있다. 이는 일종의 보호막이다. 이 기준이 지켜지지 않을 때 일상에서 길을 잃고 휘둘리게 된다. 필자는 이 2가지를 지키기 위한 일상 루틴을 가지고 있다.

1. 아침에 일어난다.

2. 숨을 기분 좋은 여유만큼의 속도로 천천히, 그리고 크게 7번 들이마시고 내쉰다.

3. 감사 기도를 한다. (건강, 관계, 소유물, 일, 꿈 등)

4. 목표를 이룬 한 상황 속에 살고 있는 나를 떠올린다. 기쁜 마음을 가득 느껴본다.

5. 일어나서 이불을 정리하면서 "감사합니다."라고 100번 외친다.

6. 양치를 하면서 "사랑해", "예쁘다", "넌 운이 좋아." 등 긍정적인 감정이 담긴 말들로 나의 내면을 가득 채워준다.

7. 웃으면서 1분간 박수를 친다. 소리를 내든 안 내든, 박수 소리를 내든 안 내든 상관없다.

8. 감사 일기를 쓴다. 좋은 글을 필사한다.

9. 오늘 할 일을 간단히 적는다.

10. 3시, 6시, 9시, 12시에 알람을 맞춰놓고 나의 감정과 생각을 체크한다. 간단히 기도한다.

1번부터 8번까지는 '뿌리부터 풍성한 나의 내면'을 채우는 밑 작업이다. 참고로, 자기 전에 시간이 되는 만큼 8번부터 1번까지 거꾸로 따라간다. 그때 1번은 '잠자리에 든다.'로 바꾼다. 9번은 오늘 내가 할 일을 정확히 함으로써 어떻게든 끝내게 만드는 힘을 준다. 또한 마친 것들을 하나씩 지우면서 작은 성공들을 늘려가는 효과가 있다. 10번은 내가 긍정적인 감정과 생각을 잘 유지하고 있는지 확인하는 것이다. 휴식이 필요한 것이 아닌 기분이 안 좋은 것이라면, 기분을 좋게 할 수 있는 대처 또한 필요하다.

언제 기분이 좋은지 생각해보자. 그리고 적어놓자. 산책하며 기도할 때, 피아노 칠 때, 좋아하는 배우의 예능 클립을 볼 때, 목욕할 때, 아로마오일 향을 맡을 때, 춤출 때, 좋아하는 차를 마실 때, 좋아하는 음악을 들을 때, 쇼핑을 할 때 등등. 부정적인 감정이 생길 때 순화하거나 조절하기에 좋다. 이 글을 읽는 당신도 자신만의 루틴을 간단히 정해보기를 바란다.

유연성을 높이기 위해 세 번째로 고려해야 할 것은 바로 '공격성'이다. 정신과 의사인 오은영 박사는 공격적인 것은 나쁘지만, 공격성이라는 것은 당당하게 세상에서 오는 자극을 향해서 굳건히 버티는 힘이라고 말한다. 우리는 많은 상황을 통해 맞춰주고 잘 대해주는 법을 배운다. 그런데 의외로 나 자신을 보호하는 데는 서툴다.

필자가 첫 회사에 막 입사했을 때, 누가 무례하게 대할 때 대응하는 방법을 몰랐다. 상사이거나 동료일 때는 더욱 어려웠다. 바로 대응을 하지 못한 후유증으로 위축되어 있다가 갑자기 화가 나는 감정이 반복되었다.

어느 날, 서비스를 끝내고 보고를 하러 앞 갤리로 갔다. 사무장님은 진지한 표정으로 보시더니 내 어깨 한쪽을 손가락으로 찌르셨다. 가만히 있었다. 이번엔 손바닥으로 어깨 쪽을 미셨다. 어떻게 해야 할지 몰라서 웃었다. 사무장님은 나와 눈을 맞추며 진지하게 말씀하셨다.

"왜 가만히 있어? 누가 너를 공격하면 너도 비슷한 강도로 공격을 해줘야 돼. 그래야 상대가 생각 없이 하던 행동을 멈추지. 자신이 한 행동은 상대방의 반응을 보고 조절하게 되는 거야. 그 방법과 정도는 네가 스스로 배워야겠지만 공격은 해줘야 돼."

어깨를 토닥여주셨다. 그때는 그저 관심을 가져주고 계시다는 생각에 감사했다. 그런데 이 말은 살아갈수록 가슴 깊이 남는 가르침이 되었다. 그렇게 배운 공격성은 상대와 나 사이 소통의 밸런스를 유지해주는 매개체가 되었다.

상황을 많이 겪을수록 다양한 반응을 알게 된다. 그래서 이미 경험한 상황이 많을수록 이득이다. 새롭고 어려운 상황일수록 가치는 커진다. 어느 곳이든 새롭고 어려운 문제들을 해결하러 오는 사람들이 있다. 어떤 사람은 무언가가 필요해서 오고, 화나서 오기도 하고, 오자마자 따지기도 한다. 처음에는 누가 화를 내면 그대로 당한다. 그리고 필요한 것을 듣는다. 경험을 한 후에는 유연성이 높아진다. 화를 미리 가라앉힐 방법과 필요한 것이 무엇인지 알게 되기 때문이다. 경험이 많지 않을 때도 행동의 끝에 의식적으로 사색을 하거나, 조언을 구하면서 임시로 대처를 할 수는 있다. 하지만 유연하지는 않다.

경험이 많아질수록 친절하고 빠르게 상황에 맞춘다. 그 사람이 무엇을 필요로 하는지 파악하고, 문제를 해결한다. 상황 같은 큰 그림뿐만 아니라 사람들의 표정 같은 작고 세세한 부분들을 읽기 시작한다. 어떤 상황과 사람도 대처할 수 있게 된다. 유연성은 이렇게 시간과 경험과 사색을 통해 길러진다. 그래서 귀하다.

건강한 유연성을 기르기 위해서는 나 자신이 먼저 든든히 서야 한다. '나 자신을 아는 것'과 '나만의 기준'과 '공격성'을 갖는 것이 나를 보호할 때 중요하다. 유연성은 서비스를 순탄하게 하고 진화시키는 핵심이다. 높을수록 더 많은 문제를 해결할 수 있다. 부드럽고 물 흐르는 듯 자연스러운 응대는 지혜의 집결체다. 어떠한 날카로운 것도 피하거나 막아낼 수 있다. 요컨대, 유연성은 최고급 기술이다.

유연성, 서비스맨이 가진 최고의 장점이다.

CHOICE

당신도

최고의 기업에서

시작할 수 있다

5장

01

당신도 최고의 기업에서
시작할 수 있다

'인생에서 재미있는 것 한 가지는 최고만 고집하다 보면 대게 최고를 얻게 된다는 것이다.'

윌리엄 서머싯 몸의 명언이다. 지금이 나의 최고의 기업이 어디인지 알아보기에 가장 좋을 때다. 준비하기에 가장 좋을 때다. 스스로 선택하는 삶을 시작하자!

돌이켜 보면 열등감, 무력감, 불안감이 나를 더 제대로 살고 싶다는 생각을 하게 했다. 목표를 세워가게 했다. 길이 안 보이는 시간에는 인내를 배우면서 경험을 쌓는 법을 찾기 시작했다. 스스로의 기준이 없던 나에게 정보는 물밀 듯이 밀려들고, 나는 선택하지 못했다. 헤매는 중에 남이 대신 해주는 생각이 아닌 내가 직접 생각해서 기준을 정하고 답을 내려야겠다는 결심을 했다. 나의 최고의 기업을 찾기 시작했다.

목적 없이 열심히 쌓기만 했다는 것을 깨달았다. 어렴풋이 금융권에 가고 싶다는 느낌이 들었지만 이유와 방법을 몰랐다. 그래서 선택을 잠시 멈추고 주어진 일들을 하며 새로운 경험들을 시작했다. 부정적인 감정이 느껴질 때마다 '해보겠다.'는 마음을 새로이 먹었다. 그 마음은 '할 수 있다.'는 마음이 되었다가, 다시 부정적인 감정에 압도되었다. 얼마간을 불안함, 열등감과 무력감으로 고통받은 후 다시 '해보겠다.'는 마음을 먹었다.

동기부여 명언들과 책을 놓지 않았다. 나에게는 성경이 최고의 동기부여 책이었다. 매일 새벽 기도 후 산책을 통해 성공을 만들며 '성공자'라는 인식을 길렀다. 산책 같은 작은 일이라도 성공이 쌓일수록, 무의식 적으로 나를 성공자로 여기기 시작한다는 것을 알게 되었다.

새로 시작한 경험 속에서 기회를 찾았다. 쌓은 경험과 지식을 쓰는 법을 배우기 시작했다. 비록 나는 지인을 따라 우연히 응시하게 된 첫 면접에 불합격했지만, 가슴 뛰는 직무를 만났다. 할 수 있다는 마음이 들었다. 계속 도전하고 실패하며 배움을 얻었다. 배움은 도전에만 있는 것은 아니었다. 주변에서 주는 '의지를 꺾는 부정적인 소리들에 대처하는 것'과 '스스로 알고 있는 결점들을 인정하는 것'도 포함되었다. 한 번의 실패는 끝이 아니며, 인생은 여러 판 승부라는 것을 깨달았다. 나만의 규칙들을 만들었다. 새로운 도전에 적용했다.

　도전을 하면서 도전에 대한 경험치를 쌓았다. '어떤 곳이 나에게 최고의 선택인가?'라는 질문을 하게 되었다. 스스로 최고의 기업을 선택했다. 돈을 벌면서 계속 삶과 일에 대해 공부했다. 첫 기업에서 많은 배움을 거듭하며 크게 4가지를 알게 되었다.

　첫째, 감사가 능력이라는 것이다. 나에게도 감사할 수 있다. 그것은 나를 일으키는 힘이다.
　둘째, 나와의 대화 또한 남과의 대화만큼 중요하다는 것이다.
　셋째, 내가 나를 사랑할 때 남도 나를 사랑한다는 것이다.
　넷째, 건강은 진실로 중요하다는 것이다.

　요컨대, 자신에게 충실한 삶이 좋은 삶이라는 것이다. 나에게 하는 감사의 말, 나와의 대화, 나에게 해준 좋은 팩 하나, 건강한 식사 한 끼. 이들을 통해 나를 채우고 만나는 사람들을 진심으로 대할 힘을 얻었다. 내 마음의 뿌리가 풍요롭고, 그를 통해 가슴 깊은 곳으로부터 밝은 진심이 나오는 것. 그것이 서비스를 하는 사람들의 기본이라는 것이다. 이 내용은 앞서 이미 언급했지만 너무나 중요한 기본이기에 다시 강조하고 싶다. 일에 앞서 나와의 소통을 원활히 하는 것은 나를 상대만 챙기는 '감정 노동자'에서 나도 챙기고 상대도 챙기는 '소통자'로 업그레이드하는 중요한 기준이 된다.

이 과정을 거치면서 앞으로 어떤 사람이 되고 싶은지 생각하게 되었다. '도전하는 사람'이 되고 싶다는 결론을 내렸다. 계속해서 마음을 훈련했다. 매일 실무에 대한 반성을 하면서 여러 가지로 대처 방법을 찾았다. 쌓아온 경험들로 금융권으로 갈 수 있을지를 찾았다. 주로 사용했던 찾는 방법이 '질문'과 '검색'이었다. 서비스 경력으로 갈 수 있는 부서와 직무들이 있었다.

경력, 나이, 결혼 여부에 대한 고민이 깊었다. 그저 고민으로 남기지 않고 혹시 나와 비슷한 사례가 있는지 찾아보았다. 나이와 결혼에 대한 리뷰는 거의 보이지 않았다. 그 주제 자체가 잘 언급되지 않는 것 같았다. 경력에 대해서는 생각나는 모든 키워드로 '키워드 꼬리 물기 검색'을 했다. 호텔리어가 금융권으로 이직하는 사례를 찾았다. 가능성을 찾고 확신을 갖기 시작했다. 부족한 확신은 동기부여를 하며 채웠다. 검색을 통해 여러 사이트를 알아보고, 지원을 하고, 지인들에게 소개를 부탁했다. 그리고 우연히 채용정보를 얻어 현재 다니고 있는 회사에 지원했다.

동기부여 환경으로 세팅했다. 기쁜 마음 상태를 유지할 수 있는 방법들을 찾았다. 계속해서 기도하며 목적을 되뇌었다. 계속 감사를 했다. 이력서를 쓰고 면접 자료를 준비했다. 적극적으로 조언을 구했다. 궁금한 부분들을 계속 검색했다.

주변의 부정적인 소리는 더 이상 상관없었다. 마음속에서 승무원이 되기 전 승무원으로 살았던 것처럼, '월스트리트 회사'의 사무실에서 업무하고 있는 것처럼 살았다. 5번의 면접을 통과했다. 근무지를 인도, 일본, 한국 중에서 한국으로 선택했다. 그렇게 한국으로 돌아왔다. 매일의 실전을 최고의 연습 시간으로 삼았다. 할 수 있는 최고의 답변에 도전했다. 적극적으로 조언을 구했다. 업무 시간이 끝나면 다음 날의 도전을 위해 준비했다. 나날이 달라지는 답변을 느꼈고, 팀에서 주는 상을 탔다. 멘토링의 기회를 얻었고, 교육관이 되었고, 실무 면접관이 되었다.

'금융'이라는 환경을 개인의 성장에도 활용했다. 주변에서 얻는 지식들을 흘리지 않고 메모를 해두었다. 집에 오는 길에 사색하고, 이 지식을 바탕으로 무엇에 도전할 것인지 결정했다. 그렇게 집을 사고 여러 투자에 도전했다.

세상에는 많은 길이 존재한다. 그런데 그 길들은 잘 보이지 않는다. 이 책을 통해 '하나의 길'에 대한 사례와 마음가짐을 알기를 바란다. 그리고 여기서 제시한 질문과 검색으로 시야를 넓히면서 '자신만의 답'을 찾기를 바란다.

필자가 온 길과 같은 길을 걷고 더 잘될 수도 있다. 같은 상황이 아니라도 상관없다. 어느 부분에서 영감을 얻든지 혹은 못 얻든지 상관없다. 당신이 하고 있는 그 모든 빛나는 노력으로 가장 중요한 '자신만의 길' '자신만의 규칙'을 완성하기를 바란다. 스스로 정한 가치로 빛나게 살면서, 주변사람들 혹은 선택한 기업의 가치와도 아름답게 조화를 이루기를 바란다. 나의 가치를 스스로 높여가면 타인으로부터의 신용은 자연스럽게 얻게 된다.

비행기를 타며 부자 승객들에게 부에 관한 조언을 들었다. 그리고 회사들 중에서 가장 부유하다고 하는 월스트리트 회사에 오게 되었다. 세계 최고의 회사들과 일하게 되었다. 내가 입사한 기업이 어떻게 일하는지, 그리고 기업들이 어떻게 일하는지를 생생하게 볼 수 있었다. VIP 고객들을 응대하는 회사일수록 '사람'이 비즈니스의 핵심이라는 것을 꿰뚫고 있다. '업무를 잘해낼 수 있는가? 회사에 이익을 줄 수 있는가?'라는 질문에 대해 고객과 비대면으로 일하더라도, 배려하며 깊은 관계를 맺을 수 있는지가 중요해지는 것이다. 오래가고 싶은 회사일수록 장기고객 유치가 관건이다.

키워드를 파악하기 위해 노력했다. 그에 따라 기본 가치를 중히 여기고, 시스템의 단순화를 위한 매뉴얼 작업들, 업무속도 증진을 위한 여러 가지 시도들, 성장 방법 찾기와 제시를 했다. 또한 예비 문제에 대한 선제조치 추천 및 현 문제에 대해 최대한 많은 정보를 담은 솔루션을 제공해왔다. 그 결과로 두 번의 서비스상과 한 번의 팀워크상을 받았다. 두 번의 서비스상은 고객과 파트너의 예외적인 지원 협상을 성사시켜 받은 것이고, 팀워크상은 미리 준비해놓은 자료들을 바탕으로 솔루션을 동료들에게 빠르게 나누어 받은 것이다.

직속 상사의 역할이 컸다고 생각한다. 나를 적재적소에 배치하고 업무 내용을 최직화하기 위해 끊임없이 소통하고, 계속적으로 지원해주었기 때문이다. 항상 감사한 마음을 가지고 있다. 문득 이런 생각이 들었다. 우리가 이렇게 좋아하고 잘할 수 있는 일을 찾아 적소에서 일을 한다면 국력도 키울 수 있을 것이라고 말이다. 작아 보이는 이 선택이 어떻게 시너지를 내는지 배웠기 때문이다.

이 책을 읽는 모두가 '자신만의 기업'을 마음에 품기를 바란다. 질문을 시작하기를 바란다. 그리고 방법을 찾아보기를 바란다. 자신이 원하는 기업에서 첫 시작 혹은 재 시작을 하길 바란다. 무언가를 원한다는 것은 할 수 있다는 뜻을 포함하고 있다.

그렇다. 당신도 최고의 기업에서 시작할 수 있다.

02

이젠 당신이
선택받을 차례다

내가 스스로 선택하는 삶 그리고 남의 선택을 따라 사는 삶이 있다면 당신은 어떤 것을 선택할 것인가?

당신이 자의든 타의든 이 책을 연 순간 당신의 차례인 이유는 충분하다. 아주 작은 물방울이 바위를 깎아 예술을 창조한다. 이처럼 작은 관심 하나가 의식적인 동기가 되고 하고자 하는 일을 이룬다. 이젠 당신이 최고의 회사를 찾고, 많이 도전하고, 발전하고, 성공할 차례다. 최고의 기업이 당신을 선택할 수 있도록 당신이 먼저 선택하자. 선택을 해야 도전의 기회가 생긴다. 도전을 해야, 최고의 회사가 나의 존재를 알게 된다. 도전도 경험이다. 도전만 하는 것도 경험치를 쌓아야한다. 그래야 더 큰 도전을 할 수 있다. '그때 뭘 할 걸.' 하고 후회를 하는 사람들이 있다. 그때 도전을 안 한 사람은 이제 그 도전을 해야 하지만 그때 한 사람은 더 높은 레벨의 도전을 할 수 있다. 결론적으로 시간을 버는 것이다.

원하지 않는 것들을 계속해서 하다 보면 무의식적으로 원치 않는 일에 익숙해진다. 마찬가지로 원하는 일들을 한두 번 시도하다 보면 나중에는 원하는 일들만 하게 된다. 만약 어떤 이유로든 '그건 당신이니까 가능했지 나는 안 돼.'라고 생각한 사람이 있다면 질문을 바꿔보기 바란다. '돼, 안 돼?'에서 '어떻게 될 수 있을까?'로 말이다. 두리뭉실하게 하던 생각을 구체적으로 한번 해보겠다고 말이다.

자신이 정해놓은 막연한 스펙에 도달하지 못해 시도를 해보지도 않고 포기하는 사람들이 있다. 필자가 면접관을 하면서 느낀 것은 스펙에 상관없이 도전하는 사람들도 많다는 점이다. '도전하는 노력'을 스펙으로 보여주는 사람들이다. 그리고 실제로 합격해서 다니는 경우도 많이 보았다. 필자는 졸업을 하지는 않았지만 지방 대학교를 다녔고, 그곳에서 많은 감사한 배움을 얻었다. 그리고 지방소재 대학교를 나온 분을 뽑은 적도 있다. 유튜브에 검색만 해도 아르바이트 경력을 잘 활용하여 대기업에 취직한 사례들을 볼 수 있다. '노력'은 고귀한 스펙이다.

주어진 일, 시키는 일만 하는 사람은 생각의 변화자체가 고통스러울 수 있다. 간단하게 그 사람은 왜 될 수 있었는지 포인트를 찾자. 내가 안

되는 이유도 적어보자. 되는 이유와 안되는 이유를 함께 보자. 스스로를 설득하지 못해서 시작조차 못 해본 것은 아닌지, 실제로 어려운 것인지, 대체 가능한 가치는 없는지 등을 찾아보는 것이다. 생소해도 괜찮다. 이 것은 나를 알아가는 과정이다. 알았으니 변화가 시작될 것이다. 마음을 한번 먹어보자. 한 번 사는 인생, 원하는 일 한 번쯤은 해보겠다고 말이 다. 한번 시도해보자.

삶은 유한하다. 언젠가 우리의 삶은 마감을 할 것이다. 죽을 때 나와 당신은 어떤 생각을 하게 될까? 계속해서 겁을 먹고, 최대한 아무것도 하지 않으면서 살아간 점을 칭찬할까? 사람들과 조화를 이루며 살아가 는 것은 함께 사는 사회에서 개인이 해야 할 당연한 에티켓이다. 하지만, 사람들이 원하는 것에만 맞춘 생각과 옷과 삶까지 선택한 것이 과연 옳 은 것일까? 자문하기를 바란다. 당신이 오늘 어떤 마음으로 하루를 시작 했는지를. 그리고 오늘 어떤 하루를 보냈는지. 매일 조금 더 하고 싶은 선택을 하자. 계획을 짜자. 조금 더 가벼운 마음으로 도전을 해보자.

삶은 어찌 보면 놀이동산에 온 것이다. 우리는 고대하던 놀이동산에 왔다. 아침 일찍부터 설레며 기다린다. 뭘 먼저 타면 더 많이 탈 수 있을 지 계획을 세운다. 물론 계획은 틀어질 수도 있다. 나 말고도 계획을 세 운 사람들이 많기 때문이다. 최대한 비슷하게 맞춰본다. 그리고 즐겁게 탄다. 어쩌다가 무서운 것을 못타는 사람이 무서운 놀이기구를 친구 때문에 혹은 얼떨결에 혹은 마음먹고 탈 수도 있다. 집에 올 때 그걸 절대 타지 말았어야 하는데 라고 마음 깊이 후회하는 사람은 없다. 무서웠다고 툴툴거릴 수는 있을지언정, 해서 한 후회라는 건 없다. 후회가 되는 건 언제나 하지 못한 것이다.

뉴스가판대에 신문을 사러 가는 것처럼 덤덤하게 도전을 할 수 있다면 얼마나 좋을까? 그러나 우리가 체감하는 도전이라는 것은 컴컴한 숲속으로 들어가는 것과도 같다. 두렵고 들어갈지 말지 망설여진다. 사람들은 모두가 매일을 포기와 희망 사이에서 산다. 무언가를 선택하는 것조차 두려워진다. 누가 상처 입는 것을 좋아하겠는가. 솔직하게 말하겠다. 필자 또한 도전을 하면서 많이 도망 다니고 눈물을 흘렸다. 피할 수 있으면 피하게 해달라고 기도했다. 하루만 시간이 멈추어주었으면 하고 마음이 쉬기를 간절히 바란 날이 하루 이틀이 아니었다. 치이고 또 치였다. 계속 도망을 가고 어쩔 수 없이 해야 하는 것들을 억지로 했다. 고통은 고통대로 얻었는데 결국 그것이 나 자신이 원하는 일이 아니라는 사실은 나의 전의를 잃게 했다. 불안감과 열등감과 무력감이 가득했다. 어느 날, 그런 생각이 들었다. 나와 다르게 원하는 삶을 살아가는 사람들은 과연 무엇이 다를까. 그들은 어떻게 했을까. 그들은 과연 나와 무엇이 달랐을까. 세상 사람 모두가 잘되어도 나는 정말 안 되는 걸까. 내가 계속 두렵다는 생각들을 떠올리고 각인시키는 것처럼, 믿고, 믿고 또 믿으면 무언가 바뀌지 않을까. 그때 성경에서 읽었던 구절이 떠올랐다.

'담대하라.'

나에게 필요한 건 한번 믿어볼 수 있는 담대함이었다. 그냥 눈을 감고 원하는 선택을 해버렸다. 그것이 시작이었다. 사회생활 1년 만에 리더가 되었다. 나를 배우기도 바쁜 시간에 다른 사람들도 돌아보라는 임무가 떨어졌다. 당연히 시야는 넓지 않았다. 상황 속에서 배우는 것 외에는 방법이 없었다. 상처를 많이 받았다. 가슴이 너덜너덜한 것 같았다. 더 이상은 버틸 수 없을 것이라고 생각한 적도 많다. 그럴 땐 그저 나에게 맞장구를 쳐주었다. 지금 나는 힘들만 하다고 말이다. 그렇게 하다 보면 다시 할 마음이 고개를 들었다. '지금은 쉽게 깨지는 유리 멘탈이라도 다음엔 조금 덜 깨지는 법을 배우겠지.'라는 생각으로 계속 믿고 또 믿으며 다시 해보았다. 결과는 내 생각 이상이었다. 쉽게 깨지지 않는 것을 넘어서 강인해졌다. 많은 삶의 지혜들을 깨닫게 되었다. 지혜를 깨닫는 방법은 하나뿐이다. 나의 경험들과 기억으로 저장되어 있는 대량의 정보들이 계속 맞물리는 것. 그리고 어느 순간 그 안에서 복합작용이 일어나 나만의 규칙이 되는 것.

준비가 안 된 상태에서 도전을 하면 실수를 할 수 있다. 하지만, 그저 이론을 배우고 스펙을 채우려고 할 때는 발견하지 못한 나만의 방법들과 좋은 결과를 적어도 조금은 얻을 것이다. 기본을 더 익히려는 동기부여도 된다. 이미 도전에 성공한 사람들은 항상 대단해 보인다. 완성도가 높아 보인다. 합격한 후의 모습은 이미 모든 것이 마무리가 되어 보이고, 내가 보는 나의 모습은 준비 초기 혹은 중간 단계인 것이다. 이미 진척이 많이 된 단계와 시작한 단계를 비교하면 당연히 부족하게 느껴진다. 상황의 시간대와 조건 자체가 다른 상태다.

초기나 중간 단계는 항상 상황에 제약이 있다. 당신 또한 성공을 하면 다른 사람들이 당신을 볼 때 당신은 유능하고 그들은 부족하다고 느낄 것이다.

생각을 적극적으로 바꾸어야 한다. 사람이 적극적이지 않은 이유는 여러 가지가 될 수 있지만 근본적인 원인은 몰라서 그런 것이다. 그리고는 충분한 시간이 필요할 수도 있다고 넘겨짚는다. 준비물이 갖춰지지 않은 것 같다고 생각한다. 어떻게 시작해야 할지 모른다. 실패의 경험이나 완벽주의가 발목을 잡을 수도 있다. 답은 없다. 그냥 지금 시작하면서 어떻게 이룰지를 생각하라. 느낌 위주로 생각하라. 부족해 보이는 부분은 보완 방법을 만드는 데 활용하라.

준비해서 완벽해지면 도전한다는 말은 이루어질 수 없다. 마음은 만족을 모르기 때문이다. 계속 지식만 채우다가 살찐 애벌레가 되고 잡아먹

히는 것이다. 지금 내가 쓰고 있는 책을 보라. 실전에 대한 결과다. 모든 배움은 실전에 있다. 도전을 하는 과정에서 실패나 절망을 할 수도 있다. 그래서 선택하지 않는다. 하지만 내가 선택하지 않는다고 내 삶의 고통이 어디 가던가? 고통이 없어지지는 않는다. 하지만 절망에서 의미를 찾을 수 있다면 견딜 수 있는 힘을 준다. 삶의 절망에 어떻게 이름표를 붙이느냐에 달려 있다. 모든 사람은 자신이 어떤 삶의 의미를 갖느냐에 따라 달라진다.

앞으로 어떻게 살 것인지를 정하라. 필자는 성공할 사람들이 정해져 있다는 말을 믿는다. 성공자로 살겠다고 결심한 사람들이 성공한다. 의미를 찾으면 고통받을 준비를 하게 된다. 상황은 변하지 않을 수도 있다. 하지만 상황에 대한 태도를 선택할 수 있는 자유는 언제나 있다. 어떤 조건과 환경 속에서 어떤 선택을 할지 또한 나에게 달렸다. 사람은 환경에 의해 결정되지 않는다는 말을 믿는다. 사람은 환경을 떠날 수 없지만 환경을 대하는 자세는 자유롭게 선택할 수 있다.

심장이 반응하는 목표를 선택하라. 그리고 이젠 당신이 선택받을 차례다.

03

한 번 사는 인생,
성장형 욜로가 되자

YOLO.

'You Only Live Once'의 줄임말로 '당신은 오직 한 번의 인생을 산다.'는 뜻이다. '욜로'는 '현재 감정에 충실하고, 하고 싶은 소비를 하자'는 소비트렌드로 시작했다. 요즘은 '인생을 즐기자.'라는 뜻의 웰빙 트렌드로 범위가 넓어졌다. 단순한 소비를 하는 것은 즐거움과 기쁨을 준다. 쉼을 준다. 필자 또한 현재를 즐기며 살고자 한 적이 있다. 처음에는 좋았다. 그러나 시간이 갈수록 허하고 불안한 느낌을 받았다. '인생을 진정으로 즐기려면 어떻게 해야 할까?'라는 의문이 들었다.

이런 생각이 들었다. 우리는 과거를 끌어와서 현재에서 안고 산다. 현재를 살면서 동시에 미래를 고려한다. 어떤 의미에서 우리는 '과거'와 '현재'와 '미래'를 동시에 사는 것이다. 같은 삶을 살더라도 플러스가 되는, 든든한 삶의 방식은 따로 있다. 과거의 배움을 잘 정리하고, 현재의 모든 것을 받아들이고 즐기며, 미래의 쓰임을 염두에 둔 선택을 하는 것이다.

설명만 들으면 어렵게 느껴질 수도 있지만, 이 방식을 적용할수록, 나를 알고 세상을 알게 된다. 삶에 대한 두려움이 사라진다. 제대로 즐길 수 있게 된다. 삶 전체를 통해 어떻게 성장할까? 오직한번의 인생을 성장하며 즐겁게 살려면 어떻게 해야 할까?

인식하고, 경험하고, 이해하고, 사용해야 한다. 첫째로 공부가 우리의 인생 전반에 있다는 큰 틀을 인식해야 한다. 학교에서 배운 정규과정 혹은 사람들이 따로 만들어놓은 사설 과정 등은 '삶의 공부'의 일부이다. 그 외에 나를 알아가는 나 자신 공부, 운동을 통해 운동 신경을 키우는 공부, 친구와 주변의 사람들을 통해 하는 관계의 공부 등 모든 것이 공부다. 현재 스스로 인식하지 못하거나 왠지는 모르지만 불안한 느낌이 드는 모든 부분이 공부할 수 있는 부분이다. 공부하고 발전할수록 내가 사용할 수 있는 '기술'이 된다.

나에 대해 얼마나 알고 있는가? '나는 누구인가? 나는 나의 이름도, 나의 몸도, 나의 생각도 아니다.' '나는 어떤 삶을 살고 싶은가?' 등의 자문을 하며 나를 인식해보자. 생활 속에서도 나 자신을 인식하고 알 수 있다. 예를 들면, 남에게는 더운 날씨가 나에게는 아직 추울 수 있다. 내 몸의 느낌은 정확하다. 몸을 보호하기 위해 두껍게 입는다. 누군가 더운데 왜 두껍게 입었느냐고 할 수 있다. 그 사람의 몸은 그 사람에 맞게 정확히 감지한다. 이때 '두꺼운 건가?' 하여 얇게 입고 나가면, 감기에 걸린다. 혹은 컨디션이 좋지 않다. 밖을 나갔더니 나에게 옷이 두껍다고 했던 사람은 얇게 입었고, 어떤 사람은 더 얇게 입었고, 어떤 사람은 내가 처음에 고른 옷보다 더 두껍게 입었다는 것을 알게 된다. 이런 경험의 축적을 통해 나는 나이고, 상대는 상대라는 것을 배우게 된다. 나의 것을 가지고 상대를 이야기하기 어렵다는 것을 배운다.

내가 아닌 다른 사람에 대한 '인식과 이해'는 경험을 통해서 얻을 수 있다. 나와 상대는 소통이라는 것을 한다. 소통은 말을 하는 것과 침묵하는 것 모두의 의미를 담을 수 있다. 외적인 부분, 가치관, 관심사, 문화 등에 따라 소통의 흐름과 결말이 달라진다. 상대를 이해하는 것은 소통의 장애를 없애준다. 사람 경험을 통해서 공통적인 패턴을 알게 되면 이해가 한결 수월해진다. 이 과정을 통해 나를 알고 남을 알게 된다.

세상을 인식하는 방법은 여러 가지가 있다. 자연히 있는 것이 있고 계획되어 만들어진 것들이 있다. 모여 있는 것들과 흩어져 있는 것들이 있다. 세상을 형태에 따라 크게부터 작게까지, 무심하게부터 자세하게까지 볼 수 있다. 이전 것과 새로운 것을 본다. 파생된 것들을 본다.

보는 깊이에 따라서도 다양한 방식으로 볼 수 있다. 보여서 보는 것,

목적을 충족하기 위해 보는 것, 각종 데이터 검색을 통해서 보는 것, 마음을 담아 깊이 보는 것. 우리는 어떤 길을 매일 습관처럼 지나다닌다. 지인을 만나서 번화가에서 밥 먹을 곳을 찾을 목적으로 둘러보기도 한다. 인터넷으로 검색해서 원하는 것들을 본다. 관심 있는 대상이 생기면 작은 디테일 하나까지 자세하게 관찰한다. 남들은 모르는 것까지 알게 된다.

세상의 모든 것은 사실 매일 새롭다. 아파트에 연식이 생겨가는 그런 것들은 잘 알아차리기 어렵고, 빌딩을 부수고 전철역을 짓는 것은 한눈에 알아본다. 모든 것이 각자의 속도에 따라 변하고 있다. 우리는 이런 패턴을 한번쯤 인식함으로써 '보는 눈을 기르는 공부'를 시작할 수 있다.

이 공부를 할 수 있는 '경험과 이해가 집약된 곳'이 있다. 바로 서점이다. 우리의 머릿속에 새로운 생각이 매일 태어나듯 세상에도 새로운 것들이 매일 나온다. 사람들이 가장 좋아하는 생각들도 그곳에서 만날 수 있다.

많은 사람들이 책을 봄으로써 직접 하지 못하는 경험을 간접적으로 한다. 하고 싶은 것이 없거나, 불안하거나, 아프거나, 힘든 기본적인 원인은 '모름'에서 나온다. 책을 통해 무언가에 흥미를 가질 수 있다. 성취하는 과정과 문제 해결을 배울 수도 있다. 치유를 받을 수도 있다. 이 세상의 모든 창조는 사람의 생각을 들여다보면서 가시적인 원인을 찾을 수 있다. 책 속에 세상을 형성한 생각과 계획들이 들어 있다.

계획하고 행동하면, 창조가 일어난다. 자신의 계획을 아직 관철하지 못한 사람들은 누군가의 계획에 동조한다. 그럼으로써 점점 더 커진다. 책을 통해 많은 트렌드가 생성되고 확산된다. 이렇게 새로 나오고, 인기가 많아지고, 인기가 없어지고, 사라지는 큰 흐름을 본다. 흐름들이 연결되는 전후를 이해하는 것도 중요하다. 이것이 숙달될수록 내가 연결하고자 하는 것들을 연결할 성공률이 높아진다. 필자가 승무원과 법인 금융분석가를 연결한 것처럼 말이다. 이 2가지 직무는 알고 보면 같은 베이스를 가지고 있다.

세상을 인식하고 그에 따른 '내면의 반응'을 통해 자신을 돌아본다. 한번 사는 인생, 온전히 나로 살고 싶다는 생각을 하게 된다. 나에게 오는 모든 상황을 긍정적인 것뿐 아니라 부정적인 것 까지 모두 '배움'으로 받아들인다. 이것이 '성장형 욜로'의 삶이다. 삶의 모든 상황을 내가 선택한 것처럼 살아보는 것이다. 등져서 이해하고 해결할 수 있는 것은 없다. 상황이 막힐 때는 내가 노력했다는 것을 인정해주자. 삶이 나에게 어떻게 할 것인지 질문하는 신호로 읽어보자.

이제는 답안지에서 답을 고르는 시대가 아니다. 배움의 주체는 나다. 내가 주체가 되어 연구도 하고, 책도 찾아보고, 세상으로 나가서 보고, 나의 세계를 만들어가라. 모르는 것을 새롭게 배워가며, 아름다운 세상을 즐기며, 어떻게 하면 더 아름다울지를 생각해보는 것이다. 모든 일을 먼저 나를 위해 시작해야 한다. 앞으로 개인의 경쟁력은 더욱 부각될 것이다. 이제부터는 모르는 것을 자신에 맞게 스스로 공부해나가는 사람이 유리하다. 대체 불가한 사람과 가능한 사람의 차이는 점점 더 벌어질 것이다. 성장형 욜로는 더 공부를 많이 하는 사람이 되라는 것이 아니다. 성장형 욜로는 '경험'하며 '생각'하는 존재다.

하고 싶은 공부를 하는 것보다 싫어하는 공부를 하는 것이 훨씬 힘이 많이 들고 어렵다. 그러나 많은 사람들이 어려서부터 자신이 원하는 길이 아닌 남에 의해 주어진 길을 가도록 학습되었다. 그러다보니 원하는 방향으로 가는 것이 익숙하지 않은 것이다. 삶의 무게는 더 무겁고, 결과를 내기는 더 힘들다.

나와 세상을 경험하고 생각하는 취미를 가져라. 자신과 세상을 여러 방식으로 관찰하라. 흥미가 생기는 것들을 가볍게 알아가며 취미로 갖춰라. 미래를 준비하며 즐겨라. 고민은 미리하면 당당해진다. 끝에서 쫓아가면 지치고 힘들어진다.

성장하지 않는 사람은 노력을 안 할까? 그렇지 않다. 삶을 끊임없이 방어해야 한다. 많은 사람들이 원하는 것들이 도달하기 불가능해 보이기에 세상에 요구조차 하지 않는다. 그리고 원치 않는 길을 택한다. 두려움을 따르는 길이다. '자신의 가치'를 '현재 나의 성과'와 분리하자. 매일 새롭게 시작하자. 작은 성공으로 시작하자. 하고 싶은 일들을 정당하게 추구하자.

우리는 기회 속에 살고 있다는 말이 있다. 필자는 이 말을 '우리는 모든 상황을 기회로 볼 수 있다.'라고 해석한다. 기회는 맞이할 수도 있고, 찾을 수도 있다. 우리는 모든 상황 속에서 외적 혹은 내적 발전의 기회를 찾을 수 있고 잡을 수 있다. '직접 기회를 찾는다.'는 것은 '도전'한다는 말과 같다. 도전은 할수록 경험치가 쌓이는 것이다. 도전 경험을 쌓을수록 어느 상황에서도 기회를 찾아내는 사람이 된다.

유연한 세상이 왔다. 항공계에서 금융계로 갈 수 있을 뿐만 아니라, 아바타를 만들어서 다른 일을 하고, 대신 일도 시키는 시대가 되고 있다. 한번 사는 인생, 성장형 욜로로 마음껏 경험하고 생각하고 '나 자신'으로 사는 삶을 살기를 바란다. 해보고 싶은 일에 도전하기를 바란다. 삶은 지금의 나를 발견하고, 원하는 방향으로 나답게 살아가는 과정이다. 자신과 세상을 알고, 나에게 오는 것들을 받아들이자. 삶을 배우고 도전하는 모든 과정을 즐기자. 과거에는 인정과 치유가 있고, 미래에는 안정과 희망과 즐거운 기대가 있는 삶이 될 것이다.

한 번 사는 인생, 성장형 욜로가 되자.

04

도전을
망설이는 그대에게

"지금보다 멋지고 위대한 인생을 살고 싶다면 스스로를 절대 과소평가
하지 마라."

성공학과 책 쓰기 멘토인 김태광 작가의 명언이다. 당신 안에는 원석
이 빛나고 있다. 그 원석을 어떻게 최고의 보석으로 창조할지를 고심하
고 있다. 될 수 있는 최고의 내가 되기 위해 도전을 한다. 여러 번의 도전
을 하는 과정에서 발전을 한다. 발전을 하면 빛이 난다. 발전하는 나를
통해 함께하는 사람 혹은 도움이 필요한 사람 또한 빛나게 한다. 도전은
모두를 빛나게 하는 아름답고 고귀한 일이다.

사람들은 도전을 어떻게든 혼자 하려는 경향이 있다. 쪽잠을 자며 열

심히 일해도 성공한다는 보장이 없을 때 시작 전부터 망설이게 된다. 여러 가지 어려움을 만난다. 동기부여를 해주는 책을 읽는 것으로는 부족한 때가 오기도 한다. 방향을 못 잡고, 계획은 높은 벽 같다.

이럴 때 도움을 구하는 것은 능력이다. 이를 통해 다른 이들이 가기 어려운 소중한 경지에 도달할 수 있게 된다.

김태광 대표님의 제자가 된 이야기를 해보려고 한다. 이것이 내가 첫 책을 쓸 수 있었던 계기이기 때문이다. 여러해 전부터 혼자 글을 아주 간간히 써왔다. 언젠가는 책을 써야겠다는 막연한 생각을 하고 있었다. 어느 날 깨달은 것은 도전을 하고 있는 것처럼 보이지만 책을 쓰기 위한 구체적인 행동이 없었다. 그저 뭔가를 하고 있다고 위안 삼고 있었다. 실제로는 진짜로 책 쓰는 것을 망설이고 있었다.

비밀 전략을 사용하기로 했다. 최고의 선생님을 찾아 책을 써보겠다는 결심을 한 것이다. '김태광 책 쓰기 명장'이라는 제목의 유튜브 콘텐츠를 보았다. 김태광 대표님은 '한책협'이라는 네이버 카페를 '김도사'라는 필명으로 운영하고 계셨다.

대표님은 시인으로 문단에 등단을 한 후 소설가, 동화 작가, 자기계발 작가 등 여러 타이틀을 가지고 계신다. 24년 동안 250권이 넘는 책을 집필하셨다. 지금도 활발히 글을 쓰고 계신 현역 작가님이시다. 초중고의 교과서 16권에 글이 실렸다. '대한민국기록문화대상' 등 여러 상을 받으셨다. '청소년에게 영향력 있는 작가'로 선정되셨다. 1,100명 작가 양성에 성공하셨고, 자수성가 부자가 되셨다. 책 쓰기 코칭 구루로 불리는 분이다.

이분께 배워서 첫 책을 내야겠다고 마음먹었다. 온라인 1일 특강에 참여해서 상담을 받았다. '5주 책 쓰기 과정'을 통해 다섯 번의 주말 동안 온라인 지도를 받게 되었다. 집에서 라이브 코칭을 받을 수 있어서, 일과 육아를 하면서도 시작할 수 있었다.

대표님이 먼저 가르쳐주신 것은 의외로 책 집필이 아니었다. 의식이 먼저 높게 상승해야 한다고 강조하셨다. 작가 과정 사전 미션이 주어졌다. 일하는 시간을 제외하고, 나머지 시간동안 최대한 빠르게 사전 미션들을 해낼 방법을 궁리하기 시작했다. 시간을 쪼개는 정도가 한층 세밀해졌다는 것을 느꼈다. 성공한 사람들을 보면 '어떻게 저렇게 많은 일을 하지?'라는 의문을 한 번쯤 가지게 된다. 그것을 자연스럽게 하는 지혜를 먼저 배웠다.

미션을 하고 책을 쓰는 동안 대표님의 배우자이신 위닝북스 권동희 대표님도 '라떼언니'라는 필명으로 계속적인 글들과 〈인생라떼〉 유튜브 채널 등을 통해 자투리 시간 활용법과 여유 시간을 만들고 쓰는 법을 알려주셨다. 시간을 더 세분화하여 쓰는 법이 체화되어갔다. '삶의 기술'이 업그레이드되었다. 새로운 습관을 형성해갔다.

미션지에 들어 있는 의식이 상승되는 책들을 읽었다. 대표님이 운영하시는 〈김도사TV〉를 보았다. 정갈하게 잘 쓰여 있는 글들을 필사했다. 카페에 계시는 다른 현역 및 예비 작가님들과 함께 격려하고 축복했다. 책을 쓰면서 계속 의식을 높게 고양시켜갔다.

김태광 대표님은 노력만으로는 절대 성공할 수 없다고 하셨다. 제대로 된 꿈과 목표를 확실하게 하고 생생하게 상상하라고 하셨다. 자신의 생각이나 소원을 의식적으로 잠재의식에 주입함으로써 인생을 새롭게 변화시킬 수 있다는 것이다. 시작할 때만 하는 것이 아니다. 언제든 그리고 시선이 목표에서 비껴나가려고 할 때 특히 강조하셨다. 작가의 의식으로 생활했다.

책 쓰기의 목표인 주제를 명확하게 설정할 수 있도록 면밀하게 도와주셨다. 목표를 빨리 이루는 방법은 종이에 쓰는 것이라고 하셨다. 목표를 달성하려면 집중 또 집중하는 것이 중요하다고 하셨다. 사람들은 '나 같은 사람이 목표를 이룰 수 있을까?', '나는 아직 부족한데.'라는 두려운 마음들을 가진다고 하셨다. 주변에서 '너는 해내지 못한다.' 같은 부정적인 말을 듣기도 한다고 하셨다. 스스로를 과소평가하지 말라고 하셨다. 이를 이기려면 목표에 대한 집중이 필수라고 하셨다.

앞으로 어떤 부분에 좌절하게 될지, 어떻게 하면 성공하는지 미리 알려주셨다. 심적이나 상황적으로 어려운 순간이 다가올 때마다 그 부분을 떠올렸다. 미리 본 덕분에 오히려 좌절될 위기에 들어가지 않았다. 또 좌절할 즈음되면 먼저 상황을 체크해주셨고, 조언도 해주셨다. 방향을 계속 확인해주시면서 잘하고 있다고 말씀해주셨다.

책 쓰기를 쉽게 가르쳐주셔서 20대부터 70대 작가님까지 모두 책을 내시는 것을 보았다. 책 쓰기와 성공 코칭을 받다 보니 책을 낼 수 있다는 확신이 들었다. 책을 쓰는 내내 마음이 든든하고 풍요로웠다. 대표님이 하셨던 말씀 중에 인상적인 2가지가 있다.

"성공해서 책을 쓰는 것이 아니라 책을 써야 성공한다."

대표님만의 책 쓰는 노하우를 알려주시기 때문에, 글을 안 써본 사람도 책을 쓸 수가 있다. 책은 모두 다르게 나온다. 작가마다의 개성을 살릴 수 있도록 모두 다르게 코칭하시기 때문이다. 책마다 작가의 색이 뚜렷하고 특별한 향기가 난다. 사람을 어떻게 빛나게 하는지 알고 계셨다. 어떤 사람이 찾아오든지 의미 있는 삶의 주제를 꺼내서 책을 쓸 수 있게 도와주셨다. 지도를 받은 작가들이 자신만의 주제를 발견했다. 그리고 이를 시작으로 계속 글을 쓰며 작가 활동을 하거나 혹은 관련 사업에서 성공을 거두며 빛나는 삶을 살고 있다. 필자 또한 김도사님의 문하에서 배우며 사람을 빛나게 하는 나만의 현실적인 방법에 대해 깊은 사색을 시작했다.

"나는 목숨 걸고 코칭한다."

목숨 걸고 가르칠 테니 배우는 신인 작가도 목숨 걸고 써보자고 말씀하셨다. 책을 쓴다는 것은 영향을 주는 일이기에 더 열심히 하라고 하셨다. 대표님이 누구보다 치열하게 생활하시는 것을 볼 수 있었다. 진심이 담긴 지도를 받았다. 책을 통한 새로운 길들을 알게 되었다. 오랜 기간 대표님 스스로 확장하신 커리어 경험을 통해 알게 된 많은 기회들에 대해 알려주셨다. 길들이 무궁무진하다는 것을 알게 되었다.

대표님의 지도하에 개인저서 한 권과 공저 두 권을 집필했다. 총 세 권의 책을 낸 것이다. 그리고 책 쓰기 지식으로 앞으로도 평생 책을 쓸 수 있게 되었다. 귀한 가르침을 본받아 필자도 평생 좋은 책을 쓰며 사람들을 빛나게 해줄 메시지를 전하고 싶다. 의식 상승과 책 쓰기에 성공할 수 있도록 보이지 않는 곳에서 계속 도와주신 김태광 대표님께 깊은 감사를 드린다.

"당신은 성공하기 위해 태어났다. 나는 여러분이 누구보다 눈부신 인생을 살 것이라고 확신한다. 다만 그러기 위해선 앞에서 언급한 3가지의 성공 요소가 필요하다. 첫째, 꿈을 향한 끊임없는 도전 정신. 둘째, 실패를 실패로 여기지 않는 자세. 셋째, 치열한 노력. 이 2가지 요소를 갖춘다면 운명은 당신의 편이다."

『인생을 바꾸는 자기혁명』의 김태광 저자가 한 말이다. 도전하며, 실패에서 배우며, 치열하게 노력하라. 이것이 성공 비법이다. 그런데, 도전을 하기에는 여러 이유로 망설여지는 때가 있다. 이럴 때는 빠르게 도움을 구하는 것이 지혜이고 유연함이다.

책을 쓰게 된 과정을 공개한 이유는 도움을 받는 것이 익숙하지 않은 사람들에게 이 방법이 사실은 가장 빠른 방법이고 빈번하게 사용되고 있다는 것을 알려주고 싶어서다. 혼자서 고심 중인 독자가 있다면 세상에 많은 당신을 돕고자 하는 전문가가 있다는 것을 기억하라. 또한 이 글을 읽고 있는 독자 중 책을 쓰고 싶어 하는 이들에게 필자가 선택한 하나의 길을 알려 줌으로써 원하는 길에 다가가도록 돕고 싶다.

전문가를 만나면 가는 길이 훨씬 수월해진다. 성공자의 의식을 배운다. 어떻게 도전해야 할지 안다. 어떤 실패가 있으며, 어떻게 성공시킬지 알고 있다. 정확하고 명료하고 빠른 길로 갈 수 있게 된다. 혼자서 해내는 질과 속도와는 비교할 수 없다. 몇 단계를 건너뛰게 된다. 특히 실패를 겪지 않게 된다.

도전을 망설이는 그대여, 도전의 경험치를 어떻게 쌓을지 생각하라. 혼자하는 것이 망설여진다면 찾을 수 있는 최고의 선생님을 찾아라. 도움을 청하라. 그리고 실패 없이 성공해라.

05

세계를
무대로 삼아라

소포클레스의 『오이디푸스』에서 오이디푸스는 자신이 아버지를 죽이고 어머니와 결혼할 운명이라는 이야기를 듣고 고린도로 돌아가지 않는다. 테베로 향하는데 사실 그곳은 오이디푸스의 친부모가 있는 곳이다. 길러준 부모는 사실 친부모가 아니었던 것이다.

오이디푸스는 그 사실을 모른 채 테배로 향하는 길에 사소한 다툼이 생겨 사람들을 죽인다. 그 중에 오이디푸스의 친아버지도 있었다. 테베의 성문 입구에는 안으로 들어가려는 이들을 막는 괴물이 있었다. '스핑크스'였다. 이는 테베로 가려는 모든 이들에게 수수께끼를 내고 풀지 못하면 잡아먹었다.

하나의 환경에서 새로운 환경으로 넘어가려고 할 때, 우리가 질문을 하는 것이 아니라 받는다. 그 질문에 답을 한다면 우리는 가려고 하는 그 환경으로 넘어가게 된다. 그런데 환경을 바꾸는 길을 막고 있는 '스핑크스'는 과연 어떤 존재일까? 바로 '나 자신'이다. 나를 막는 것은 나 자신뿐이다. 질문을 하는 것도, 답을 해야 하는 것도 나 자신이다.

현재 자신이 세계적이지 못하다고 생각하는가?

우리 모두가 이미 충분히 세계적이다. 크게 보자. 우리는 세계 속에 살고 있다. 이미 알게 모르게 많은 세계적인 것들을 공유하고 있다. 이것만 알아차려도 자신의 시야가 넓다는 것을 알게 된다.

넓게 볼수록 편견 없는 생각을 가지게 된다. 잘못되고 부족하다고 인식하는 것들이 사실은 다른 것일 뿐이라는 사실을 알게 된다. 자동적으로 한계가 사라진다. 많은 사람들이 남이 해주는 이야기로 자신을 정의하고, 사람들이 이야기하는 '좋은 것'과 자신이 다르면 자신이 잘못되었다고 생각한다. 시야를 세계로 돌리면 '잘못된 것'이 아닌 '다른 것'임을 깨닫게 된다.

필자는 얼굴이 그을렸기 때문에 아름답지 못하다고 생각했었다. 하얀 얼굴을 가지지 못한 나를 받아들일 수 없었다. 화이트닝 세럼을 발랐다. 얼굴이 동동 떠도 제일 높은 호수의 쿠션을 사용했다. 그을린 얼굴색이 모든 것을 망쳤다는 극단적인 생각까지 했다. 좌절했다. 나의 그을린 피부가 멋지다고 하는 사람들을 만났다. 온몸을 그을리려고 햇빛 아래 하루 종일 엎드려 있는 것을 보게 되었다. 많은 생각이 들었다. 하얗고 그을린 얼굴색은 한쪽이 나쁜 것이 아니었다. 다른 것이었다. 둘 다 아름다운 것이었다.

학생시절 티베트에 간적이 있다. 그곳 자연의 모습은 이 세상 같지가 않았다. 물색이 불투명한 에메랄드색인 곳이 많았다. 꽃잎과 나뭇잎색의 채도는 낮은 땅에 있는 것보다 세 네 배는 높아보였다. 숨을 쉬기가 어렵다는 점도 특이했다. 공기가 저지대보다 적었다. 그곳에서는 숨을 적게 쉬는 사람이 유리한 것 같았다. 티베트에 가기 전 사람들이 가장 걱정한 사람은 마르고 평소 체력이 약했던 필자였다. 하지만 그곳에서 건강하게 잘 다녔고, 하늘호수에서는 가볍게 뛰어 다니기도 했다. 오히려 티베트에서 많이 아팠던 친구가 평소에는 아주 건강했기에, 모두에게 펼쳐지는 이 상황들이 신기할 따름이었다.

당연한 것은 없다는 것을 알게 되었다. 부족하다는 개념도, 잘못되었다는 개념도 특정한 자리에서 특정한 사람들과 함께 이야기한 제한된 것을 자신이 받아들였을 뿐이다. 세상을 넓게 보고 직접 느끼는 순간, 좁은 생각은 사라진다. 그리고 알게 된다. 나는 부족한 사람도, 잘못된 사람도 아니라는 것을.

우리는 폭포, 산, 작은 생명 등에서 자연의 경이로움을 느낀다. 그렇다면 사람은 어떤가? 사람도 자연의 일부다. 사람도 신성이 깃들여 있는 경이로운 존재라는 것이 느껴지는가? 당신은 결코 작지 않다. 약하지 않다. 알아가고 훈련할수록 그 강인함이 드러난다. 우리는 단 한 번의 삶을 위해 세상에 왔다. 크고 경이로운 존재이다.

자신을 부족하다고 자꾸 이야기하고 미리 몸을 움츠리지 마라. 그것은 가장 하기 쉬운 것이지만 스스로를 밧줄로 묶는 것이다. 이제부터 '될 수 있는 최고의 자신'이 되어가고 있다는 것을 기억하자. 혼자 하기가 어렵다면 네이버 카페 '오미영청춘고민상담소'로 오기를 바란다. 함께 성장하기를 바란다. 질문도 환영한다.

이 세상 모든 일은 해보기 전에는 어려워 보인다. 하지만 막상 해보면 또 누구나 해볼 만하다. 필자처럼 평범한 사람도 꿈을 갖고, 세계를 무대로 삼고, 목표를 세우고, 계획을 수정하며 목표들을 이뤄왔다. 그리고 많은 사람들이 필자처럼 세계를 무대로 삼고, 세계적인 기업들에 도전하고, 자신이 이상적으로 생각하는 최고의 기업을 직접 세우기도 한다. 지금의 나를 다른 사람과 비교를 하자면 끝이 없다. 어제의 나보다 더 나은 내가 되었는지를 확인하는 것이 올바른 자기진단법이다. 될 수 있는 최고의 내가 되어가는 것이 가장 좋은 결과다. 그것만으로도 마음은 충분히 만족스럽다.

스스로를 위해 세상을 넓게 보고 자신이 멋지다는 것을 먼저 알기를 바란다. 자신이 좋아하는 것과 일들을 발견해라. 스스로 좋아하는 것들을 알게 되면, 깊어지고, 다시 사랑하게 되고, 깊어지고, 할 마음이 저절로 생긴다. 세계를 무대로 삼고, 꿈을 펼치며 살게 된다.

세계를 당신의 무대로 삼는 방법은 간단하다. 작은 시작을 하는 것이다. 필자는 중국 드라마를 보게 된 것이 계기가 되어 중국을 좋아하게 되었다. 음악을 들으며 더 푹 빠졌었다. 세상을 넓게 보고 마음을 사로잡는 소소한 것들을 살피자. 더 알고 싶어지는 무언가가 있는가? 그럼 조금 더 찾아보라. 관련 언어도 조금씩 배워가라. 점점 아는 영역을 넓혀라. 많은 사람들이 잘 모르는 관련 정보를 하나 찾아라. 그것으로 나만의 영역을 만들고 즐기며 더욱 실력을 키우는 동력으로 삼자.

세계로 시야를 넓히면 사람도 세계적으로 다양하게 알게 된다. 사람을 아는 것은 세상에서 가장 값진 공부다. 이 세상 모든 일은 '사람'과 연결되어 있다. 우리가 공통적으로 사람을 대하는 데는 꼭 지켜야 하는 '에티켓' 그리고 더 잘하면 좋은 '매너'가 있다. 예를 들어, 현재 마스크를 쓰는 것은 전 세계적인 에티켓이고, 건물의 문을 열고 닫을 때 뒷사람을 위해 문을 잡아주는 것은 매너다. 국제적인 에티켓과 매너들을 알아갈수록, 다양한 사람들과 즐겁고 자연스럽게 교류할 수 있다.

사람을 알아가다 보면 개인적인 환경과 성향까지 고려하게 된다. 세심한 영역이다. 사람을 잘 이해하는 사람은 갑자기 그렇게 된 것이 아니다.

처음엔 왜 상대가 묘하게 싫어하는지와 어떻게 대처해야 하는지를 모른다. 여러 번 비슷한 상황을 겪으면서 인지하고, 상대와 비슷한 상황을 겪으면서 공감 능력이 생긴다. 상황 자체에 대한 패턴 인식 능력이 생긴다. 나라나 생활 환경별로 패턴이 그룹화된다. 그리고 마지막으로 개인적인 환경과 성향이 반영된다. 이런 세밀한 부분들을 배우면서 사람들과 소통하는 능력을 키워나간다. 이는 일을 할 때 큰 자산이 된다.

일은 나의 생명인 시간과 그동안 모은 지식과 지혜를 주는 것이다. 삶의 의미와 경제적 대가를 얻는 것이다. '확신이 드는 일이 나올 때까지 찾는다.'는 마음을 갖고 찾기를 바란다. 주변에 심장이 반응하는 일이 없다면, 세계적으로 시야를 넓혀보기 바란다. 필자가 에어마카오 승무원과 월스트리트 회사를 꿈꾼 것처럼 말이다. 세계를 무대로 삼으면 기회가 많아진다. 더 자유로워진다.

당신은 이미 빛나고 있다. 그것을 가리고 있는 관념과 관습을 제거하라. 우리는 이미 세계라는 무대 위에 있다. 이 사실을 받아들이자. 쉽게 접할 수 있는 매체 또는 사람을 통해 세계를 알아갈 수 있다. 요즘은 사람들이 감정까지도 공개를 한다. 내면적인 부분들도 알 수 있다.

세계를 무대로 삼으면, 가지고 있던 많은 편견들이 해소된다. 이 세상에는 오직 '다름'만이 존재한다는 것을 알게 되기 때문이다. 자신에게 당당해지고, 나로 살게 된다. 다양한 사람을 알게 된다. 다양한 경험을 하게 된다. 다양한 선택지가 있다는 것을 알게 된다. 심장이 반응하는 일을 찾을 확률도 높아진다.

있는 그대로의 나를 선택하는 용기를 갖자. 전 세계를 무대로 원하는 것들을 찾아가자. 원하는 삶을 마음껏 살자. 세계를 무대로 삼겠다고 선언하면 세계를 무대로 삼게 될 것이다. 최고를 고집하다 보면 대게 최고를 얻게 된다는 윌리엄 서머싯 몸의 명언처럼 말이다. 멋지게 세계 무대 위에 등장하게 될 것이다.

크고 멋진 그대여, 세계를 무대로 삼아라!

06

우연이란
없다

자크 아탈리는『살아남기 위하여』에서 이렇게 말한다.

"우선 제대로 살고 싶다는 열망을 가져야 한다. 그러려면 자신에 대해 충분히 의식하고 자신의 운명에 대해 중요성을 부여하며 자신을 부끄러워하거나 증오해서는 안 된다."

나로서 제대로 살고 싶다는 마음을 가져야 한다. 나 자신을 의식해야 한다. 스스로에게 집중해야 한다. '긍정적으로 사는 것'과 '나로 사는 것'은 다르다. 나로 산다는 것은 힘든 일이 나에게 생겼을 때 부끄러워하거나 증오하지 않는 것이다. 나만큼은 나와 함께하고 내 편이 되어주는 것이다. 그러면 내 삶은 나에게 만큼은 중요해진다. 제대로 살기 위해 원하는 것들로 계획을 세우고 실행하게 된다.

제대로 도전하려면 어떻게 해야 할까?

나만의 결과물을 반드시 내놓겠다는 결심을 하면 그렇게 된다. 이 세상의 모든 것은 누군가 생각하고 계획해서 내놓은 것이다. 결과가 나올 때 까지 지속해서 결국 결과가 나온 것이다.

세상을 계속해서 탐색하자. 어떤 것들이 있는지 경험하자. 세상은 어떻게 흐르고 있는지 분석하자. 사람들은 어떻게 행동하고 있는지 파악해보자. 사람에 대해서는 행동의 전후 관계를 이해할 수 있는 공감력이 필요하다. 공감을 위해 그 사람의 '인생의 목적'과 '그 이유'에 관심을 갖자. 이를 통해 행동의 전후 맥락을 이해하고, 미래의 반응을 예측해보자.

직접 경험하면서 '어떤 일'과 '사람'이 내 마음을 움직이는지 찾아야 한다. 또한, '어떤 일'과 '사람'이 상대의 마음을 움직이는지도 찾아야 한다. 이때, 넓게 볼수록 대안은 더 많아진다. 결과를 찾았다면 어떻게 이들을 이해하고 활용하여 원하는 목표에 다가갈 수 있을지 방법을 찾아야 한다. 계획을 세워야 한다. 원하는 것에 다가가는 계획. 다가가는 과정에서 마주하는 어려운 상황들을 해결하는 계획들. 많은 어려운 상황들이 온다. 실수, 실패, 평가, 위기, 자금 부족 등 말이다. 인정하고, 해결하고,

회복하는 방법을 생각해내야 한다. 인생은 좌절과 회복을 반복한다. 내가 선택한 괴로움인 것처럼 대하고 배움을 얻어야 한다. 해결책을 세상에 제시해야 한다. 목표에 도달할 때까지, 목표를 이룬 모습 속에 살아야한다.

계획이 없는 사람은 다른 이의 계획에 흡수된다. 계획의 전개를 모르기에 불안하다. 계획을 할수록 나를 더 잘 알게 되고 더 잘 맞는 일을 할수 있다. 계획은 실행의 촉매제다. 실행하려는 목표로 가는 길을 뚜렷하게 해준다. 길이 뚜렷할수록 인간의 실행력은 높아진다. 누군가의 계획 그리고 나의 계획. 이 세상의 모든 일은 '누군가의 계획' 또는 '여러 계획의 교차'에 의해 만들어졌다. 누군가의 계획에 모두가 흡수될 수도 있다. 누군가의 계획과 나의 계획이 교차될 수 있다. 여러 명의 계획이 한꺼번에 교차될 수도 있다.

사람들의 원하는 바는 모두 다르다. 원하는 바를 인식한 사람의 일부가 계획을 세운다. 우리가 알 수 있는 혹은 볼 수 없는 정교한 방법으로 실현된다. 이 과정에서 많은 계획들이 교차를 이루며 결과를 만든다. 나의 계획도 이루어져야 하고 다른 누군가의 계획도 이루어져야 할 때 둘이 교차점에서 만나는 것이다. 사람을 뽑으려는 팀장 혹은 인사담당자와 구직자처럼 말이다. 어떤 사람은 크게 계획한다. 어떤 사람은 작게 계획한다. 모든 크고 작은 계획들은 정교하게 연결되어 있다. 우연이라는 것은 없다.

원하는 것과는 상관없는 일을 하고 있거나, 임시적인 일을 하고 있는가? 혹은 목표하는 길을 찾는 과정에서 임시적인 일을 하려고 하는가? 경험을 원하는 곳에 쓸 수 있는지가 관건일 것이다. 어떻게 쓰이도록 할 수 있을지를 '계획'하는 것이 우선시되어야 한다. 필자가 승무원의 경력을 금융권이직에 쓰려고 찾은 것처럼 말이다. 선택이 애매할 때는 느낌이 올 때까지 검색했다. 경험이 적재적소에 사용되게 하려면 전후 관계를 최대한 많이 찾고 따져야 한다. 모든 자료를 모으면서 사람들에게도 질문했다. 경험상 아래 2가지가 '일을 성사시키는 현명한 질문'이었다.

'비슷한 경로로 간 사람이 있는가?'
'그는 어떻게 갔는가?'

'이 정도면 될까요?', '가능할까요?'라는 질문을 많이 받는다. 될까 말까를 묻기보다 '어떻게'를 묻는 것이 더 효율적이다. 누군가에게 질문했을 때 질문을 받는 사람이 경험이 없고 이룬 사람을 본적이 없다면? 실패만 한 사람이라면? 자신은 성공했지만 남을 평가할 때는 보수적인 사람이라면?

필자는 이런 상황에서도 조언하는 경우를 많이 보았다. 안 된다고 하는 경우를 많이 보았다. 자신도 이루었고, 남에게도 가능하다고 할 수 있는 사람은 특정적이다. 정말로 이루고 싶어서 질문을 한다면 일을 성사시키는 2가지 질문을 통해 '자신도 이루었고 남에게도 가능하다고 할 수 있는 사람'을 찾아서 질문하는 것이 좋다. 그런 사람은 상대를 어떻게 가능하게 하는지까지 알고 있을 가능성이 높다.

자신의 여건이 최고라고 느끼는 사람이 있을까? 사람의 뇌는 계속 부족한 것을 보도록 되어 있다. 이 부분을 빨리 간파한 사람이 더 빨리 도전한다. 완벽한 순간이 평생 오지 않는다는 것을 알기 때문이다. 지금 우리가 가고 있는 이미 있는 길도 처음에는 누군가가 계획해서 만든 것이다. 계획을 하다 보면 어느 부분이 더 채워져야 하는지 알게 된다. 그것들은 크고 작은 '살아가는 기술'이다.

'살아가는 기술'은 하나가 아니다. 그리고 모두 섞여 있다. 우리가 알고 있는 정규 교과과정과 사설 교육과정은 이 기술의 일부다. 체계화되지 않은 기술들도 셀 수 없이 많다. 나만의 퍼즐을 맞추듯이 기술들을 찾아서 계획을 채워나가야 한다. 배워야 한다. 두려워하지 말자. 움츠리지 말자. 마음이 동하는 것부터 하나씩 배워나가자.

'경기가 안 좋다.'는 말로 포장된 누군가의 계획 또한 다시 돌아보자. 모두가 힘든 상황이니 할 수 있는 것이 없다고 생각하는가? 모두가 포기했다고 생각하는가? 필자 또한 그럴 때는 할 수 있는 것이 없다고 생각한 적이 있다. 앞서 유연성에 대해 이야기한 것은 우연이 아니다. 도전에 능한 사람들은 유연하게 피할 방법, 새롭게 기회로 만드는 방법들을 지금도 찾고 있다.

필자는 집을 처음으로 가졌을 때, 부동산에 대한 관심이 커졌다. 그 전까지는 경기가 안 좋으면 모든 투자자들이 현금화하고 쉬는 줄 알았다. 많은 사람들이 경기와 상관없이 상황에 맞는 투자를 위해 계속 노력하고 있다는 사실을 알고 놀랐다. 정부는 시장이 치우치지 않도록 여러 방법으로 자제를 권고하고, 환경을 제어하며, 안정성을 높이기 위해 노력했다. 모두가 상황에 상관없이 각자의 계획을 실행하고 있다.

다른 분야도 마찬가지다. 돈을 목적으로 하는 사업체들은 유연하게 활황이 된 분야와 연관을 시킨다. 원하는 직업의 구인이 중단된 상황에 있는 많은 구직자들은 최대한 유사한 직종의 경험을 쌓고 있다. 멈추지 않는다. 휩쓸리지 않고 자신의 길을 간다.

사람에게 멈춰 있는 것은 안정이 아니다. 멈춘 것은 뒤로 간 것이다. 진화하면서 앞으로 나가는 것이 안정이다. 앞으로 나갈 수 있도록 길을 명확히 하는 것이 계획이다. 세우고 수정할수록 더 뚜렷해진다. 인생은 여러 판 승부다. 계획이 없는 사람도 원하면 언제고 다시 시작할 수 있다. 자신의 위치에 맞는 계획을 할 수 있다. 그리고 계획의 실행이 삶을 움직인다.

세상에 나온 모든 것들은 누군가가 의도하고 계획한 것이다. 그것들은 우리는 겹겹이 둘러싸고 있지만, 정교한 규칙들이 있다. 우리 눈에 세상 모든 계획이 보이지는 않는다. 하지만 존재한다. 보이지 않는 그 힘에 의해 나의 계획이 이루어지지 않기도 한다. 그럼에도 불구하고 우리는 스스로 원하는 것을 계속 제시하고 방법을 찾아가야 한다. 그것이 우리가 할 수 있는 최고의 행동이기 때문이다. 원하는 길을 구체적으로 계획하는 것을 가장 우선 순위로 삼자. 제대로 도전하는 내가 되자.

기억하자. 이 세상에 우연이란 없다.

지금의 나로 시작하고
나답게 꿈을 이루자

"진정한 위대함은 현재 위치에서 자신이 가진 것을 이용하여 할 수 있는 일을 하는 데 있다."

미국의 프로 테니스 선수인 아더 애쉬의 명언이다.

우리는 모두 원하는 대로 거침없이 행동하던 유아기를 지났다. 점점 주변의 시선이 보였다. 나와 주변을 모두 알아야 하는 이중적인 의무이자 권리를 갖게 되었다. 헷갈리기 시작했다. 점점 주변의 평가가 마치 내가 선택한 전부인 것처럼 느껴졌다. 타인의 의견으로 자신을 의식하고 걸맞게 행동했다. 어느 날, 깨닫게 되었다. 정해진 것은 없다는 걸. 나를 평가한 상대 또한 '남들이 자신이 평가했던 방식'을 통해 나를 평가했다는 것을.

나의 내면에 다시 집중하기 시작한다. 남의 인정에 의존했던 자존감이 나의 내면으로 넘어온다. 내가 나를 인정하는지를 되돌아보기 시작한다. 내가 가치 있는 사람이라고 생각하는지. 사랑받고, 성공하고, 행복할 권리가 있다고 생각하는지. 내가 삶의 많은 장애물들을 이길 수 있는 능력이 있다는 사실을 인정하는지. 내가 원하는 것들을 말해도 된다고 생각하는지. 내가 원하는 것들을 이루어도 된다고 생각하는지 말이다.

자신에게 집중하자. 나 자신을 있는 그대로 보라. 해온 행동을 변명하지 말자. 부정적인 생각을 관찰하자. 비판 없이 보고, 그럴 상황이었음을 인정해주자. 그러면 나에게서 분리된다. 그때 보내주자. 잘하고 있다고 격려해주자. 스스로의 취향을 확인하자. 원하고 좋아하는 것을 찾자. 싫은 것들을 분류하자. 좋아하는 것들이 더 분명해진다. 당신의 장점에서 기회를 찾자. 가지고 있는 결핍에서 기회를 찾자. 필자는 가난으로 인해서 돈에 대해 궁금해했다. 많은 경험을 하며 배우게 되었다. 좋아하는 일을 찾으려면 소통 또한 중요하다. 소통의 통로를 원활히 해야 한다. 내가 적극적으로 책, 영상, 멘토 등의 주변과 연결해야 한다. 좋아하는 일을 찾는 과정에 나의 현재 상황과 한계가 계속 인식될 것이다. 우울해질 수 있다. 밖으로 나가 걸어라. 사색하라. 그리고 계속해서 나만의 답을 도출하라.

인간은 항상 중간에 서 있다. 불완전한 상태에 있으면서 계속해서 선택을 한다. 내가 중간적인 존재라는 것만 인정해도 마음은 한결 편해진다. 마음의 방향을 나에게 집중하자. 선택에 집중하자. 목표에 집중하자. 이로써 더 나은 행동을 하게 된다. 살아온 날을 보면 살아갈 날이 보인다는 사람들이 있다. 이런 이야기를 들을 때 '그의 답은 그에게 맞고, 나의 답이 나에게 맞다.'라는 말을 기억하기를 바란다.

지금 그 상태 그대로 충분하다. 필자 또한 모든 것을 처음부터 순차적으로 시작하지 않았다. 과거의 아픔을 가진 채로 목표를 찾았다. 방법을 되는대로 모두 적용해보며 알아갔다. 당신의 그 상태 그대로 시작점을 찍어라. 그리고 심장이 반응하는 목표 지점을 설정하라. 다시 말하지만 무엇이 있는지 아는 것과 내가 어느 것을 할지 확정하는 것은 다르다. 확정을 할 때 이유가 무엇인지 확실히 짚어보는 단계도 잊지 말라. 관점의 변화와 세밀한 관찰과 계획, 집중력으로 추진하라. 버텨야 할 때는 버텨라. 더 긴 시간을 '인내 하는 기술'을 터득하게 된다.

중요한 것은 방향을 제대로 유지하면서, 끊임없이 계획을 수정하고 실행하는 것이다. 계속 버티다 보면 힘이 생긴다. 수정을 하다 보면 지혜도 생긴다. 새로운 계획이 나온다. 목표에 도달할 수 있게 된다. 계획의 성공적인 흐름을 위해 자신에게 의식적으로 질문하는 시간을 갖자. 예는 아래와 같다.

첫 번째, 나에게 집중하고 있는가?

두 번째, 지금을 인정하는가?

세 번째, 원하는 것과 좋아하는 것과 잘하는 것은 무엇인가? 교집합을 찾는다면 무엇인가?

네 번째, 결론적으로 하고 싶은 일은 무엇인가?

다섯 번째, 계획은 어떻게 짜여 있는가? 지금 하나만 쓴다면 무엇인가?

여섯 번째, 어떤 환경이 도움이 되는가? 그 환경으로 어떻게 갈 수 있을까?

일곱 번째, 롤 모델은 누구인가? 하고 싶지 않지만 목표 달성을 위해 할 일은 무엇인가?

여덟 번째, 미리 마음의 준비를 했는가?

아홉 번째, 주기적으로 스스로의 감정 상태를 체크하는가?

열 번째, 나를 기쁘게 하는 것들의 목록이 있는가? 오늘은 무엇을 사용하였는가?

열한 번째, 어려움에도 불구하고 원하는 생각들을 계속 떠올리고 있는가?

열두 번째, 어려운 상황이지만 감사할 것을 하나만 찾는다면 무엇인가?

열세 번째, 잘하고 있다고 스스로에게 말해주고 있는가?

열네 번째, 배움의 수단을 바꿔가며 유연하게 사용하고 있는가?

우리는 항상 '자극'이라는 것을 받는다. 같은 자극에도 사람의 반응은 각기 다르다. 어떤 이는 무겁게 느끼고 부정적으로 해석한다. 어떤 이는 반가운 마음으로 받아들인다. 주변에서 일어나는 힘든 일들을 어떻게 받아들여야 할까? 자신에게 가장 도움이 되는 길은 이것이다. 마치 내가 세상에 오기 전에 선택한 일처럼 받아들이고, 그 안에서 배울 수 있는 모든 것을 배우는 것이다. 우리가 겪는 어려움은 우리에게 공부할 기회를 준다는 것을 잊지 말자. 마음껏 배우고 공부하자. 내가 원하는 길로 가는 여정에서 생기는 실패나 실수가 성공하는 방법을 알려주는 힌트라고 생각 하자. 자신을 알아가기 위해 좋아하고 싫어하는 것을 인식하고 그 이유를 확인해야 한다.

힘든 일은 우리가 그것을 직접 찾아야 하는 수고를 덜어준다. 그것을 통해서 싫어하는 것, 부족한 것, 견딜 수 있는 정도, 상황의 전후 맥락, 나의 대처 방법 등을 알려준다. 잊기 전에 모두 적자. 내 것으로 남기기를 바란다. 나에게 오는 것들을 인정하고 나에게 유익하도록 사색하기를 바란다. 아래는 『성경』 중 데살로니가전서에 나오는 필자의 좌우명이다.

"항상 기뻐하라."
"쉬지 말고 기도하라."
"범사에 감사하라."

필자에게 이 3가지는 할 수 없다고 생각한 일들을 해내게 해준 성공 비밀전략이다. 일련의 연속적인 훈련이다. 긍정적인 감정은 기본적으로 내면에서 긍정적으로 생각하는 것들을 실행하게 하는 동력이다. 감정전문가들은 '기쁨'이라는 감정은 수많은 감정 중에서도 최상위 에너지 주파수를 가지고 있으며, 압도적인 움직임을 만들어내는 힘이라고 말한다. 본서 중 '유연성: 서비스맨이 가진 최고의 장점이다'에서 언급했듯이 필자는 기쁜 마음을 지속하는 '훈련 루틴'과 '기쁜 감정을 끌어올리도록 돕는 나만의 비책 리스트'를 가지고 있다. 기도에 대해서는 본서 중 '승자의 강점은 태도에 있다'에서 언급한 적이 있다. 승무원과 분석가가 되기 전, 마음속에서 스스로 승무원과 분석가라는 것을 믿었고, 그것이 나의 기도였다고 말이다. 두려울 땐 말로 풀어낸다. 할 수 있는 최대한 용기를 내어 기도하는 내용이 이루어졌음을 믿는다. 감사에 대해서는 본서에서 여러 번 언급했다. 감사는 가지고 있는 것을 인식시켜주고, 나에게 긍정적인 것들을 더하는 데 가속도를 붙여주었다. 감사를 할 때마다 잘되고 있다는 마음이 들었고, 더 잘하고 싶다는 태도가 형성되었다. 이 태도는 노력하는 태도를 불러왔고, 이로 인해 외부로부터의 도움 또한 불러왔음을 고백한다. 필자는 감사를 훈련하기 위한 루틴을 가지고 있다.

기쁜 마음을 유지할 수 있는 자신만의 방법과 환경을 찾기를 바란다. 모든 말끝에 감사가 함께하는 습관을 들이기를 바란다. 기도하는 내용이 이루어졌음을 믿기를 바란다. 믿음이 바로 이루어지는 기도다. 설령 이루어지지 않더라도, 판단은 우리의 몫이 아니다. 우리가 할 수 있는 최고의 일은 '할 수 있는 일을 하고 기다리는 것'이다.

같은 일을 겪어도 어떤 이는 압도당하고 어떤 이는 활용해서 성장한다. 왜일까?

어떤 상황에서도 '내가 할 수 있는 일을 하겠다.'는 마음가짐은 스스로를 능동적으로 대처하게 한다. 발전의 토대가 된다. 물론, 마음이 너무 아프고 무기력하게 느껴지는 때가 있다. 그런 때일수록 환경 탓이나 남 탓을 하면 더 힘들어진다. 스스로 변화될 수 있는 부분을 놓친다. 스스로 변화되고 다르게 대처해야 한다. 이 부분이 바로 살면서 계속 훈련해야 하는 부분이라는 것을 명심하자.

훈련될수록, 더욱 자신을 보호할 수 있다. 성장한다. 여러 번의 도전을 넉넉하게 감당할 수 있다. 인생은 여러 판 승부라는 것을 항상 기억하기를 바란다. 사람들이 당신은 부족하다고 할 때. 어리다고 할 때. 경험이 부족하다고 할 때. 나이 들었다고 할 때. 뒤쳐졌다고 할 때. 그때가 바로 당신이 시작하기에 적기다.

당신의 지금 위치에서 도전을 시작하라. 후들거려도 스스로의 두발로 서보라. 왠지 그 모습이 마음에 들 것이다. 그리고 곧 걷게 될 것이다. 생각하라. 필요한 것들을 알아가고 채워가라. 필요 없는 것들을 제거하라. 스스로가 마음에 드는 자신을 만들어 가라.

지금의 나로 시작하고 나답게 이루자.

에필로그

지금은 '한강의 기적'이 다시 한번 일어날 시간이다

'한강의 기적'이란 세계적으로 전례 없고 믿기지 않는 한국의 경제적 성공을 뜻한다. 우리는 식민지 생활의 속박과 연이은 전쟁 후의 가난을 벗어났다. 그 결핍을 동력으로 삼아 발전했고 세계 무대의 주역이 되었다. 불공평하고 불리한 위치에서 시작했지만, 그 속에서 우월성을 발휘하며 극복했다. 우리가 불공평과 불리함을 당연히 여기는 '평범함'을 택했다면 지금의 한국은 없었을 것이다. 오히려 자신의 우월함을 바라보는

'무모함'을 선택한 것이 현재의 한국을 만들었다. 세계의 석학들이 한국을 다음 세상을 이끌어갈 선두주자로 꼽고 있다.

당장은 자신이 나약하게 느낄 수도 있을 것이다. 코로나와 같은 세계적인 난제부터 주변이 주는 여러 환경이 있다. 앞서 말했듯이 더 높은 레벨로 변화하는 시간이다. 상황 속에서 배울 수 있는 가치를 되새기자. 크고 작은 '살아가는 기술'을 습득하는 중임을 잊지 말자. 세상이 던지는 '어떻게 할 것인가?'라는 질문에 주어진 일들을 완수하는 것으로 답하자. 원하는 일들을 알아가고 준비하며 길을 찾고 또 찾자. 원하지 않는 조언이나 비방을 들었을 때는 모든 사람이 각기 다른 상황에 살고 있음을 인정하고, 내 생각은 내가 직접하자.

이 책을 덮은 후 자신에 대한 '관찰'을 시작하기를 바란다. 좋아하는 것과 잘한 일들을 거침없이 나열해보기 바란다. 왜 좋아했고 잘했는지를 되물어가며, 도전할 목표를 정하고 시작하길 바란다. 지금이 예전과 다른 것은 정보를 많이 습득하고 있는 것보다, 그때 필요한 정보를 찾고 모을 줄 아는 것이 더 중요하다는 것이다. 공개된 정보가 이미 세상에 넘쳐나고 계속 변하기 때문이다. 검색의 시작은 지금 당신의 머릿속에 떠오르는 그 '단어' 하나로 충분하다.

자신이 속한 환경도 관찰하기를 바란다. 스스로 생각하는 한계는 환경에 의해 형성된다는 것을 잊지 말고, 자신이 원하는 환경을 새롭게 주입하여 인식과 믿음을 바꿔가기를 바란다. 당신은 무엇이든지 배울 수 있고 고로 할 수 있다. '할 수 없다.'는 것은 일시적인 믿음일 뿐이다.

본문에서 '하늘은 스스로 돕는 자를 돕는다.'는 명언을 인용했다. 필자는 '스스로 돕는다'는 것을 '열심히 하는 태도'라고 생각한다. 열심히 하는 에너지는 사람을 매료시킨다. 도와주고 싶게 만드는 마력의 힘이다. 이 마력의 힘은 '스스로를 열심히 돕는 태도'와 기회가 닿는 대로 '함께하게 된 주변 인연을 도우려는 태도'에서 시작된다. 사람들은 이런 태도를 가진 사람을 '운이 좋은 사람'이라고 부른다. 스스로 발전하면서 다른 사람의 도움까지 불러들이는 것이다. 이 원리를 기억하여 최고의 당신이 되기를 응원한다.

당신은 새롭게 업그레이드된 '한강의 기적'이 될 것이다. 놀랍도록 멋지고 눈부신 당신의 또 한걸음을 위해 이 책을 바친다. 끝까지 읽어줘서 고맙다. 당신의 가는 모든 길에 건승을 빈다.

2021년 5월 오미영